O PODER DE SE ARREPENDER

Daniel H. Pink

O poder de se arrepender

Como avaliar o passado
para seguir adiante

TRADUÇÃO
Paulo Geiger

Grafia atualizada segundo o Acordo Ortográfico da Língua Portuguesa de 1990, que entrou em vigor no Brasil em 2009.

Título original
The Power of Regret: How Looking Backward Moves Us Forward

Capa
Filipa Pinto/ Foresti Design

Preparação
Julia Passos

Índice remissivo
Probo Poletti

Revisão
Clara Diament
Márcia Moura

Dados Internacionais de Catalogação na Publicação (CIP)
(Câmara Brasileira do Livro, SP, Brasil)

Pink, Daniel H.
    O poder de se arrepender : Como avaliar o passado para seguir adiante / Daniel H. Pink ; tradução Paulo Geiger. — 1ª ed. — Rio de Janeiro : Objetiva, 2022.

    Título original: The Power of Regret : How Looking Backward Moves Us Forward.
    ISBN 978-85-390-0734-9

    1. Arrependimento 2. Autoconhecimento 3. Desenvolvimento pessoal I. Título.

22-112040   CDD-152.4

Índice para catálogo sistemático:
1. Arrependimento : Psicologia   152.4
Eliete Marques da Silva — Bibliotecária — CRB-8/9380

[2022]
Todos os direitos desta edição reservados à
EDITORA SCHWARCZ S.A.
Praça Floriano, 19, sala 3001 — Cinelândia
20031-050 — Rio de Janeiro — RJ
Telefone: (21) 3993-7510
www.companhiadasletras.com.br
www.blogdacompanhia.com.br
facebook.com/editoraobjetiva
instagram.com/editora_objetiva
twitter.com/edobjetiva

Sumário

Embora preferíssemos viver sem arrependimentos, e às vezes insistamos orgulhosamente que não temos nenhum, isso não é de fato possível, nem que só por sermos mortais.

James Baldwin, 1967

Parte I

Arrependimento recuperado

1. O absurdo frustrante de uma vida sem arrependimentos

No dia 24 de outubro de 1960, um compositor chamado Charles Dumont chegou ao elegante apartamento parisiense de Edith Piaf com o coração tomado pelo medo e uma pasta repleta de canções. Na época, Piaf talvez fosse o nome mais famoso do entretenimento francês e uma das cantoras mais conhecidas no mundo. Também era muito frágil. Embora só tivesse 44 anos, o vício, acidentes e uma vida dura tinham maltratado seu corpo. Pesava menos de 45 quilos. Três meses antes, Piaf estava em coma, devido a um problema no fígado.

Porém, apesar de sua aparência frágil, ela continuava a ser temperamental. Considerava Dumont e seu colaborador, o letrista Michel Vaucaire, que o acompanhava na visita, talentos musicais de segunda ordem. Mais cedo, naquele mesmo dia, sua secretária tinha deixado mensagens tentando cancelar o encontro. No início Piaf se recusou a ver os homens, forçando-os a aguardar ansiosamente em sua sala de estar. Mas logo antes de ir para a cama, ela cedeu e apareceu envolta num vestido longo azul.

Iria ouvir uma canção, disse a eles. E só.

Dumont se sentou ao piano de Piaf. Suando e nervoso, ele começou a tocar sua música enquanto pronunciava com suavidade a letra que Vaucaire tinha escrito.[1]

Non, rien de rien.
Non, je ne regrette rien.

[Não, nada de nada.
Não, não me arrependo de nada.]

Ela pediu a Dumont que tocasse a canção mais uma vez, perguntando-se em voz alta se ele de fato a tinha escrito. Reuniu alguns amigos que a visitavam para ouvir. Depois, juntou o pessoal da casa para escutar também.

Passaram-se horas. Dumont tocou a canção repetidas vezes, mais de vinte, segundo um relato. Piaf telefonou para o diretor do L'Olympia, a primeira sala de concerto parisiense, e ele chegou pouco antes do nascer do sol para ouvir a obra.

Non, rien de rien.
Non, je ne regrette rien.
C'est payé, balayé, oublié.
Je me fous du passé.
[Não, nada de nada.
Não, não me arrependo de nada.
Está pago, varrido, esquecido.
Não dou a mínima para o passado.]

Poucas semanas depois, Piaf cantou essa canção de dois minutos e dezenove segundos na televisão francesa. Em dezembro, quando ela a apresentou como o empolgante número final de um concerto que ajudou a resgatar o L'Olympia da ruína financeira, ela voltou 22 vezes ao palco para agradecer os aplausos. No fim do ano seguinte, fãs tinham adquirido mais de 1 milhão de cópias de seu disco *Je ne regrette rien*, elevando seu status de cantora para o de ídolo.

Três anos depois, Piaf estava morta.

Numa fria manhã de domingo, em fevereiro de 2016, Amber Chase acordou em seu apartamento na cidade de Calgary, no oeste do Canadá. Seu então namorado (agora marido) estava fora da cidade, e na noite anterior ela tinha saído com algumas amigas, algumas das quais tinham dormido em sua casa. Elas estavam conversando e bebendo mimosas quando Chase, impulsionada por alguma combinação de inspiração e tédio, disse: "Vamos fazer uma tatuagem hoje!". Assim, entraram num carro e foram ao Jokers Tatoo & Body Piercing, na Rodovia 1, onde o artista gravou duas palavras na pele de Chase.

A tatuagem que Chase fez naquele dia era quase idêntica à que Mirella Battista decidira fazer cinco anos antes e a quase 4 mil quilômetros de distância. Mirella tinha crescido no Brasil e se mudara para a Filadélfia aos vinte e poucos anos, para estudar numa faculdade. Ela adorava a cidade que havia escolhido. Enquanto estudava, arranjou um emprego numa firma de contabilidade local. Fez muitos amigos. Até entrou num relacionamento longo com um rapaz da cidade. Parecia que os dois iam acabar se casando quando, após cinco anos de namoro, eles terminaram. Assim, nove anos após ter chegado aos Estados Unidos em busca do que denominava um "botão de reset", ela voltou para o Brasil. No entanto, semanas antes de retornar, tatuou duas palavras bem atrás da orelha direita.

Sem que Battista soubesse, seu irmão, Germanno Teles, tinha feito uma tatuagem idêntica no ano anterior. Teles havia se apaixonado ainda criança por motocicletas, uma afeição que seus pais, médicos preocupados com segurança, nunca compartilharam nem apoiaram. Mas ele aprendeu tudo que pôde sobre o assunto, economizou seus centavos e acabou comprando uma Suzuki. Ele a amava. Então, uma tarde, numa estrada perto de sua cidade natal, Fortaleza, ele foi atingido de lado por outro veículo, ferindo sua perna esquerda e limitando seu futuro como motociclista. Pouco tempo depois, mandou tatuar a imagem de uma moto logo abaixo do joelho da perna lesada. Ao lado, acompanhando a cicatriz, estavam escritas duas palavras.

A tatuagem que Teles fez naquele dia era quase idêntica à que Bruno Santos faria em Lisboa, em 2013. Santos é um executivo de recursos humanos que não conhece Chase, Battista ou Teles. Frustrado com seu trabalho, ele saiu do escritório uma tarde e seguiu direto para um estúdio de tatuagem. Saiu de lá com uma expressão de três sílabas impressas em seu antebraço direito.

Quatro pessoas que viviam em três continentes ostentando uma tatuagem com as mesmas duas palavras:

No regrets. Sem arrependimentos.

UMA DOUTRINA DELICIOSA, MAS PERIGOSA

Algumas crenças operam de forma silenciosa, como uma música de fundo da existência. Outras se tornam hinos a um modo de vida. E alguns poucos credos gritam mais alto do que a doutrina de que se arrepender é uma tolice — que desperdiça nosso tempo e sabota nosso bem-estar. De cada canto da cultura, a mensagem recrudesce. Esqueça o passado; agarre o futuro. Ignore o que é amargo; saboreie o que é doce. Uma vida boa tem um único foco (para frente) e uma valência inabalável (positiva). Arrependimentos perturbam as duas coisas. É olhar para trás e é desagradável — uma toxina na corrente sanguínea da felicidade.

Portanto, não é de admirar que a canção de Piaf continue sendo um exemplo em todo o mundo e um marco para outros músicos. Diversos artistas gravaram canções intituladas "No regrets" [Sem arrependimentos], desde a lenda do jazz Ella Fitzgerald até o astro do pop inglês Robbie Williams, passando pela banda cajun Steve Riley & the Mamou Playboys, pelo cantor de blues norte-americano Tom Rush, pela reconhecida artista country Emmylou Harris e pelo rapper Eminem. Marcas de carros de luxo, barras de chocolate e companhias de seguro têm sido paladinos dessa filosofia, usando "Je ne regrette rien" de Piaf em suas propagandas na TV.[2]

E existe comprometimento maior com um sistema de crença do que usá-lo praticamente à mão — como Bruno Santos, que teve essa ética consagrada em minúsculas letras negras no seu antebraço direito?

Se milhares de partes de corpos marcados com tinta não o convencerem, ouça então dois gigantes da cultura norte-americana que não compartilham o gênero, a religião ou o posicionamento político, mas estão alinhados com esse artigo de fé. "Não deixe espaço para arrependimentos", aconselhava o pioneiro do pensamento positivo, o reverendo dr. Norman Vincent Peale, que modelou o cristianismo do século XX e foi mentor de Richard Nixon e Donald Trump. "Não desperdice tempo com... arrependimento", aconselhava a juíza Ruth Bader Ginsburg, a segunda mulher a servir na Suprema Corte dos Estados Unidos, que praticava o judaísmo e alcançou no final da vida um status de divindade entre os liberais americanos.[3]

Ou, se preferir, ouça o que dizem as celebridades. "Não acredito em arrependimentos", diz Angelina Jolie. "Não acredito em arrependimentos", diz

Bob Dylan. "Não acredito em arrependimentos", diz John Travolta. E a estrela transgênero Laverne Cox. E o maestro que caminha sobre carvão em brasa Tony Robbins. E o guitarrista metaleiro do Guns N' Roses Slash.[4] E, aposto, cerca de metade dos livros na seção de autoajuda na livraria da sua região. A Biblioteca do Congresso dos Estados Unidos tem mais de cinquenta livros em sua coleção cujo título é *No Regrets*.[5]

Embutida em canções, tatuada na pele e adotada por sábios, a filosofia antiarrependimento é tão evidentemente verdadeira que costuma ser mais afirmada do que contestada. Por que atrair sofrimento quando podemos evitá-lo? Por que criar nuvens cinza se podemos nos banhar nos raios de sol da positividade? Por que se arrepender do que fizemos ontem quando podemos sonhar com as ilimitadas possibilidades do amanhã?

Essa visão de mundo tem um sentido intuitivo. Parece correta. Soa convincente. Mas tem um defeito nada insignificante.

Está totalmente errada.

O que as brigadas antiarrependimento estão propondo não é um esquema para uma vida bem vivida, e sim — perdoe a terminologia, mas a palavra foi cuidadosamente escolhida — uma besteira.

O arrependimento não é perigoso nem anormal, não é um desvio do caminho estável para a felicidade. Ele é saudável e universal, uma parte integral do ser humano. O arrependimento é também valioso. Esclarece. Instrui. Assumido de forma correta, não precisa nos colocar para baixo; pode nos colocar para cima.

E isso não é um diáfano sonhar acordado, uma aspiração sentimental concebida para nos sentirmos aquecidos e cuidados num dia frio e num mundo insensível. Isso é o que os cientistas concluíram a partir de uma pesquisa que começou há mais de meio século.

Este é um livro sobre arrependimento — esse sentimento que revira o estômago de que o presente seria melhor e o futuro, mais promissor se você não tivesse escolhido tão mal, decidido de forma tão errada ou agido de modo tão estúpido no passado. Nos próximos treze capítulos, espero que você veja o arrependimento sob uma luz renovada e mais acurada e aprenda a usar seus poderes transformadores para o bem.

Não deveríamos duvidar da sinceridade de quem diz não ter arrependimentos. Em vez disso, deveríamos considerar que são atores desempenhando um papel — com tanta frequência e de maneira tão profunda que começam a acreditar que é real. Esse autoembuste psicológico é comum. Eventualmente pode até mesmo ser saudável. Porém, muitas vezes essa representação impede as pessoas de fazer o difícil trabalho que produz uma satisfação autêntica.

Considere Piaf, uma artista consagrada. Ela alegou — na verdade, proclamou — que não tinha arrependimentos. Mas uma rápida análise de seus 47 anos na Terra revela uma vida mergulhada em tragédia e em problemas. Ela teve um filho aos dezessete anos, a quem abandonou aos cuidados de terceiros e que morreu antes de completar três anos. Ela não teria sentido uma pontada de arrependimento por tê-lo abandonado? Foi viciada em álcool durante parte da vida adulta; e outra, em morfina. Ela não se arrependeu desses vícios que sufocavam seu talento? Para dizer de maneira leve, ela teve uma vida privada turbulenta, inclusive com um casamento desastroso, um amante morto e um segundo marido que deixou cheio de dívidas. Ela não se arrependeu ao menos de algumas de suas escolhas românticas? É difícil imaginar Piaf em seu leito de morte comemorando suas decisões, em especial quando muitas delas a levaram a esse leito décadas antes de sua hora.

Ou considere nossa espalhada tribo de tatuados. Converse só um pouco com eles e ficará claro que a experiência pública de "sem arrependimentos" — a performance — e a experiência íntima divergem. Por exemplo, Mirella Battista dedicou muitos anos a um relacionamento sério. Quando ele acabou, ela se sentiu terrivelmente mal. E, se tivesse uma oportunidade para voltar no tempo, provavelmente teria feito escolhas diferentes. Isso é arrependimento. Mas ela também reconheceu suas escolhas não tão boas e aprendeu com elas. "Cada decisão me trouxe aonde estou agora e me fez ser quem sou", ela me disse. É o lado bom do arrependimento. Não é como se Mirella o tivesse apagado de sua vida. (Afinal, a palavra está permanentemente marcada em seu corpo.) Nem que o tenha necessariamente minimizado. Ao contrário, ela o otimizou.

Amber Chase, que tinha 35 anos quando conversamos uma noite pelo Zoom, me disse: "Você pode tomar muitos caminhos errados na vida". Um deles foi seu primeiro casamento. Com 25 anos, casou-se com um homem que, como ficou claro depois, "tinha uma porção de problemas". O matrimônio foi com frequência infeliz, por vezes tumultuado. Um dia, sem nenhum aviso, o marido desapareceu. "Embarcou num avião e foi embora... e eu não soube onde ele estava durante duas semanas." Quando enfim ele lhe telefonou, disse: "Não te amo mais. Não vou voltar para casa". De uma hora para outra, o casamento tinha acabado. Se tivesse de passar por isso de novo, Chase teria se casado com esse sujeito? De jeito nenhum. Mas esse ato infeliz a impulsionou, para que sua jornada chegasse ao casamento feliz que tem hoje.

A tatuagem de Chase inclusive insinua a fragilidade da filosofia que ela alega endossar. Não diz "*No Regrets*", mas "*No Ragrets*" — com um erro ortográfico intencional na segunda palavra. Essa escolha foi uma homenagem ao filme *Família do bagulho*, uma esquecível comédia de 2013 na qual Jason Sudeikis faz o papel de David Clark, um pequeno traficante de maconha obrigado a montar uma família falsa (com uma esposa e dois filhos adolescentes) para pagar com trabalho uma dívida com um traficante maior. Numa cena, David conhece Scottie P., um rapaz duvidoso que chega de moto para um encontro com a "filha" de David.

Scottie está vestindo uma camiseta regata imunda que revela várias tatuagens, inclusive uma ao longo de sua clavícula, na qual se lê em letras maiúsculas "*No ragrets*". David o convida para uma conversa rápida, que começa analisando as tatuagens de Scottie P. e leva a este diálogo:

DAVID
(apontando para a tatuagem "*No ragrets*")

O que é esta bem aqui?

SCOTTIE P.

Ah, esta? É o que eu acredito. Sem arrependimentos.

DAVID
(expressando ceticismo)

Como é isso? Você não se arrepende de nada?

SCOTTIE P.

De nada.

Nem mesmo de uma letra?

Não, não me lembro de nada.

Se Scottie P. alguma vez ficar em dúvida quanto às palavras que cercam seu pescoço, ele não estará sozinho. Cerca de uma em cada cinco pessoas que têm tatuagens (supostamente incluindo aquelas que dizem "*No regrets*") se arrepende depois de sua decisão, razão pela qual o negócio de remoção de tatuagens é uma indústria que só nos Estados Unidos rende 100 milhões de dólares ao ano.[6] No entanto, Chase não se arrepende dela, talvez porque a maioria das pessoas nunca a verá. Naquele frio domingo em Calgary em 2016, ela optou por tatuar a bunda.

O PODER POSITIVO DE EMOÇÕES NEGATIVAS

No início da década de 1950, Harry Markowitz, que havia se graduado em economia pela Universidade de Chicago, concebeu uma ideia tão simples que agora parece óbvia — mas tão revolucionária que lhe valeu um prêmio Nobel.[7] A grande ideia de Markowitz ficou conhecida como a "teoria moderna do portfólio". O que ele imaginou — permitam-me simplificar para continuar com a história — foi a matemática por trás do ditado "Não deposite todos os ovos no mesmo cesto".

Antes de Markowitz, muitos investidores acreditavam que o caminho para a riqueza era investir em uma ou duas ações de alto potencial. Afinal, com frequência algumas poucas ações geram enormes retornos. Se escolher uma dessas vencedoras, fará uma fortuna. Com essa estratégia, você acabará tendo muitos fracassos. Mas é assim que investir funciona. É arriscado. Então Markowitz demonstrou que em vez de seguir essa fórmula investidores poderiam reduzir seus riscos e ainda assim obter ganhos consideráveis ao diversificar. Investir numa cesta de ações, não apenas em uma. Ampliar as apostas para uma variedade de setores. Investidores não vão ganhar muito em cada resultado, mas com o tempo ganharão muito mais dinheiro com muito menos risco. Se você aplica em fundos de índice, ou EFTs [*Exchange-Traded Funds*], é graças à teoria moderna do portfólio.

Por mais poderoso que seja o insight de Markowitz, muitas vezes negligenciamos a aplicação de sua lógica em outras áreas de nossas vidas. Por exemplo, seres humanos também carregam o equivalente a um portfólio de emoções. Algumas delas são positivas — por exemplo, amor, orgulho e deslumbramento. Outras são negativas — tristeza, frustração ou vergonha. Em geral tendemos a superestimar uma categoria e subestimar a outra. Prestando atenção aos conselhos de terceiros e à nossa própria intuição, abarrotamos nossos portfólios com emoções positivas e descartamos as negativas. Mas essa abordagem — de desprezar as negativas e amontoar as positivas — é tão equivocada quanto a forma de investir que prevalecia antes da teoria moderna do portfólio.

Emoções positivas são essenciais, é claro. Estaríamos perdidos sem elas. É importante olhar o lado bom, ter pensamentos alegres, enxergar a luz na escuridão. O otimismo está associado a uma saúde física melhor. Emoções como alegria, gratidão e esperança melhoram significativamente nosso bem--estar.[8] Precisamos de muitas emoções positivas em nosso portfólio. Elas deveriam superar em número as negativas.[9] Mas sobrecarregar nossos investimentos emocionais com positividade em excesso tem seus próprios perigos. O desequilíbrio pode inibir o aprendizado, entravar o crescimento e limitar o nosso potencial.

É por isso que as emoções negativas também são necessárias. Elas nos ajudam a sobreviver. O medo nos leva a sair de um prédio em chamas e nos faz desviar de uma cobra. O nojo nos protege de venenos e nos afasta de um mau comportamento. A raiva nos alerta para as ameaças e as provocações dos outros e aguça nossa percepção do que é certo e errado. É claro que emoções negativas demais são debilitantes. Mas poucas demais também são destrutivas.[10] Um sócio pode passar a perna em você diversas vezes; aquela cobra pode enfiar os dentes em sua perna. Eu, você e nossos irmãos e irmãs eretos, bípedes e de cérebros grandes não estaríamos aqui se não tivéssemos a capacidade de às vezes, mas de forma sistemática, nos sentirmos mal.

E, quando juntamos o alinhamento completo das emoções negativas — a tristeza com o desprezo e a culpa —, uma delas surge como a mais presente e poderosa.

O arrependimento.

O propósito deste livro é recuperar o arrependimento como uma emoção indispensável — e demonstrar como podemos usar suas muitas qualidades para tomar boas decisões, ter um melhor desempenho no trabalho e na escola e trazer maior significado a sua vida.

Começo com o projeto de recuperação. Na Parte I — que compreende este capítulo e os três seguintes —, demonstro por que o arrependimento importa. Muito dessa análise perpassa um extenso conhecimento acumulado ao longo de várias décadas. Economistas e teóricos do jogo, trabalhando durante a Guerra Fria, começaram a estudar o assunto na década de 1950, quando a destruição do planeta com uma bomba nuclear parecia ser o pior ato possível. Logo, alguns psicólogos renegados, inclusive os agora lendários Daniel Kahneman e Amos Tversky, perceberam que o arrependimento oferecia uma janela não só para negociações com altas apostas, mas para a própria mente humana. Na década de 1990, o campo se ampliou ainda mais, e um grande grupo de psicólogos sociais, desenvolvimentistas e cognitivos, começou a investigar o funcionamento interno do arrependimento.

Estes setenta anos de pesquisa chegam a duas conclusões simples, mas urgentes:

O arrependimento nos torna humanos.

O arrependimento nos torna melhores.

Após regenerar o arrependimento, passarei a divulgar seus conteúdos. A Parte II, "Arrependimento revelado", baseia-se em grande parte em dois extensos projetos de pesquisa de minha autoria. Em 2020, trabalhando com uma pequena equipe de especialistas em pesquisa investigativa, projetamos e conduzimos a maior análise quantitativa já feita sobre como os norte-americanos agiam em relação ao arrependimento: o American Regret Project [Projeto sobre o Arrependimento Norte-americano]. Investigamos a opinião e categorizamos os arrependimentos de 4489 pessoas, que compreendiam uma amostra representativa da população dos Estados Unidos.* Ao mesmo tempo, lançamos um site, o World Regret Survey [Pesquisa Mundial sobre Arrependimento, www.worldregretsurvey.com], que colheu mais de 16 mil arrependimentos de pessoas em 105 países. Analisei essas respostas e realizei entrevistas de acompanhamento

---

* Você pode ver a pesquisa completa e os resultados em <www.danpink.com/surveyresults>.

com mais de cem participantes. (Entre os capítulos e no próprio texto, você poderá ouvir suas vozes e observar cada canto da experiência humana.)

Com essas duas pesquisas enormes como base, os sete capítulos da Parte II examinam do que é que as pessoas de fato se arrependem. A maioria das pesquisas acadêmicas sobre o assunto categorizou arrependimentos segundo áreas da vida — trabalho, família, saúde, relacionamentos, finanças etc. Mas, debaixo dessa superfície, eu descobri uma estrutura de arrependimento profunda, que transcende esses domínios. Quase todos caem em quatro categorias essenciais — de base, de ousadia, morais e de conexão. Essa estrutura profunda, antes oculta, oferece novos insights sobre a condição humana e um caminho para uma boa vida.

A Parte III, "Arrependimento refeito", descreve como transformar a emoção negativa do arrependimento num instrumento positivo para melhorar sua vida. Você aprenderá a desfazer e reenquadrar alguns arrependimentos para que se ajustem ao presente. Também aprenderá um processo franco e direto, em três etapas, para transformar outros arrependimentos em caminhos que o preparam para o futuro. E vou explorar como antecipar o sentimento, uma medicina comportamental que pode nos ajudar a tomar decisões mais sensatas, mas que também deveria vir com um alerta.

Quando chegar ao final do livro, você terá uma nova compreensão de nossa emoção mais incompreendida, um conjunto de técnicas para progredir num mundo complexo e um senso mais profundo do que nos impulsiona e do que faz a vida valer a pena.

"Eu me arrependo de ter penhorado minha flauta. Eu amava tocar no ensino médio, mas quando fui para a faculdade, como estava sem dinheiro, eu a penhorei por trinta dólares e nunca mais consegui resgatá-la. Minha mãe trabalhou duro para pagar esse instrumento na época que eu estava na banda de iniciantes e eu o amava muito. Era a minha coisa preferida. Sei que isso soa bobo, porque é uma "coisa", mas tinha um significado muito maior para mim — era o apoio da minha mãe, pagando por um instrumento que era proibitivo para nós; eram horas e horas de prática para aprender a tocar; eram lembranças felizes com meus melhores amigos, marchando com a banda. Perdê-la é algo que não posso mudar e sonho com frequência com isso."

Sexo feminino, 41 anos, Alabama

"Arrependo-me de ter me casado muito cedo com a minha esposa. Agora, três filhos depois, é difícil voltar no tempo, e um divórcio iria arrasar e magoar demais meus filhos."

Sexo masculino, 32 anos, Israel

"Quando eu era criança, minha mãe me enviava a uma pequena mercearia no bairro para comprar coisas. Muitas vezes eu roubava uma bala quando não tinha ninguém olhando. Isso me incomoda há sessenta anos."

Sexo feminino, 71 anos, Nova Jersey

2. Por que o arrependimento nos torna humanos

O que é exatamente o arrependimento?

Para uma sensação tão fácil de reconhecer, ele é surpreendentemente difícil de definir. Cientistas, teólogos, poetas e médicos, todos tentaram. É o "sentimento desagradável associado a alguma ação ou inação que uma pessoa exerceu e que levou a um estado de coisas que ela gostaria que fosse diferente", dizem os psicoterapeutas.[1] "O arrependimento é criado por uma comparação entre o resultado factual e o que ocorreria se quem tomou a decisão tivesse feito uma escolha diferente", dizem os teóricos de gerenciamento.[2] É "um sentimento de desprazer associado a um pensamento do passado, junto com a identificação de um objeto e o anúncio de uma inclinação para se comportar de certa maneira no futuro", dizem os filósofos.[3]

Se a definição exata parece elusiva, o motivo é revelador: o arrependimento é mais bem compreendido como um processo do que como uma coisa.

VIAJAR NO TEMPO E CONTAR HISTÓRIAS

Esse processo começa com duas aptidões — que só nossa mente é capaz de realizar: visitar o passado e o futuro em nossa cabeça e contar a história de algo que nunca aconteceu de fato. Seres humanos são viajantes experientes e fabulistas talentosos. Essas duas capacidades se entrelaçam para formar a dupla hélice cognitiva que dá vida ao arrependimento.

Considere este arrependimento um dos milhares submetidos à World Regret Survey:

> Eu gostaria de ter realizado meu desejo de me formar na área que escolhi em vez de ceder aos desejos de meu pai e acabar largando a faculdade. Minha vida teria seguido outro rumo. Eu estaria mais satisfeita, realizada, e isso teria me dado uma sensação maior de missão cumprida.

Em poucas palavras, essa mulher de 52 anos da Virgínia realiza um incrível feito de agilidade cerebral. Insatisfeita com o presente, ela retorna mentalmente ao passado — décadas antes, quando era uma jovem contemplando seu caminho acadêmico e profissional. Uma vez lá, ela *nega* o que de fato aconteceu — ceder aos desejos do pai — e substitui por uma alternativa: se inscreve no curso universitário que *ela* prefere. Depois, volta à máquina do tempo e segue em frente. Mas, como reconfigurou o passado, o presente que encontra ao chegar é muito diferente do que aquele que tinha deixado momentos antes. Nesse mundo remodelado, ela está satisfeita, realizada, com a sensação de missão cumprida.

Essa combinação de viagem no tempo e fabulismo é um superpoder humano. É difícil imaginar que qualquer outra espécie faça algo tão complexo — tanto como imaginar uma água-viva escrevendo um soneto ou um guaxinim montando uma luminária de chão.

Dispomos desse superpoder sem esforço. De fato, ele está tão profundamente inserido nos seres humanos que as únicas pessoas que não têm essa aptidão são crianças cujo cérebro não se desenvolveu por completo e adultos cujo cérebro foi acometido por enfermidade ou lesão.

Por exemplo, em um estudo, os psicólogos desenvolvimentistas Robert Guttentag e Jennifer Ferrell leram uma história para um grupo de crianças, que era mais ou menos assim:

> Dois garotos, Bob e David, moram perto um do outro e toda manhã vão de bicicleta para a escola. Para chegar lá, os dois tomam uma ciclovia que circunda um lago. As bicicletas podem circundar o lago pelo lado direito ou pelo esquerdo. Ambos

os caminhos têm a mesma distância e são igualmente suaves. Todo dia, Bob segue pelo lado direito. Todo dia, David toma o caminho da esquerda.

Certa manhã, Bob, como sempre, segue pelo lado direito. Mas um galho tinha caído no caminho durante a noite. Bob colide com o galho, cai da bicicleta, se machuca e chega atrasado na escola. O caminho no lado esquerdo estava em ordem.

Na mesma manhã, David, que sempre toma o caminho da esquerda, decide em vez disso seguir pelo lado direito do lago. David também bate no galho, é atirado da bicicleta, se machuca e chega tarde na escola.

Os pesquisadores perguntaram então às crianças: "Quem deveria ficar mais chateado por ter decidido seguir pelo lado direito do lago naquele dia?". Bob, que segue aquele caminho todo dia, ou David, que costuma ir pelo lado esquerdo, mas naquele dia decidiu ir pelo direito? Ou os dois deveriam se sentir da mesma maneira?

Os garotos de sete anos "atuaram de modo muito semelhante a adultos nos critérios de compreensão do arrependimento", afirmaram Guttentag e Ferrell. Ao todo, 76% entenderam que David deveria se sentir pior. Mas os garotos de cinco anos demonstraram pouca compreensão do conceito. Cerca de três quartos deles disseram que os garotos deviam ter sentido a mesma coisa.[4] Leva alguns anos para que cérebros jovens adquiram força e músculos para executar aquele movimento de trapézio mental — balançar entre passado e presente e entre realidade e imaginação — que o arrependimento exige.[5] É por isso que a maioria das crianças não começa a compreender o sentimento antes dos seis anos.[6] Mas, aos oito, desenvolvem a capacidade até mesmo de antecipar o arrependimento.[7] E, na adolescência, as aptidões de pensamento necessárias para experimentar o sentimento já surgiram completamente.[8] Ele é o marcador de uma mente saudável que amadureceu.

O arrependimento é tão fundamental ao nosso desenvolvimento e tão importante para o funcionamento adequado do nosso cérebro que, nos adultos, sua ausência pode sinalizar um problema grave. Um importante estudo de 2004 deixa isso evidente. Uma equipe de cientistas cognitivos organizou um jogo de apostas simples, no qual os participantes tinham de escolher, dentre duas roletas, qual girar. Dependendo de onde a seta parava na roleta selecionada, ganhavam ou perdiam dinheiro. Quando os participantes giravam uma roleta e perdiam dinheiro, sentiam-se mal. Nenhuma surpresa. Mas, quando giravam uma roleta, perdiam dinheiro e constatavam que se tivessem girado a outra teriam *ganhado*, sentiam-se *realmente* mal. Experimentavam arrependimento.

No entanto, havia um grupo que não se sentia pior quando descobria que uma escolha diferente teria produzido um resultado melhor: pessoas com lesões numa parte do cérebro chamada córtex orbitofrontal. "Pareciam não experimentar nenhum arrependimento", escreveram a neurocientista Nathalie Camille e seus colegas na revista *Science*. "Esses pacientes não entendiam o conceito."[9] Em outras palavras, a incapacidade de se arrepender — em certo sentido, a apoteose do que a filosofia do "sem arrependimentos" estimula — não era uma vantagem. Era sinal de dano cerebral.

Os neurocientistas descobriram que o padrão é semelhante ao de outras doenças do cérebro. Vários estudos apresentam aos participantes um teste direto, como este:

> Maria fica doente após ir a um restaurante onde costuma comer. Ana fica doente após comer num restaurante no qual nunca havia estado antes. Quem se arrepende mais de sua escolha de restaurante?

A maioria das pessoas saudáveis sabe de imediato que a resposta é Ana. Mas pessoas com doença de Huntington, um transtorno neurodegenerativo hereditário, não veem essa obviedade. Elas apenas adivinham; não acertam a resposta mais vezes do que lhes proporciona o acaso.[10] O mesmo acontece com quem sofre de mal de Parkinson. Eles tampouco deduzem a resposta que você provavelmente intuiu de imediato.[11] O efeito é em especial devastador em pacientes de esquizofrenia. Sua doença embaralha o pensamento complexo que estou descrevendo, criando um déficit de raciocínio que prejudica a capacidade de compreender ou experimentar arrependimento.[12] Esses déficits são tão pronunciados em tantas doenças psiquiátricas e neurológicas que os médicos agora usam essa deficiência para identificar problemas mais profundos.[13] Em resumo, pessoas sem arrependimentos não são paradigmas de saúde psicológica. Muitas vezes estão seriamente enfermas.

Nossas aptidões gêmeas de viajar no tempo e reescrever eventos alimentam o processo do arrependimento. Mas ele não está completo até darmos dois passos adicionais que distinguem esse sentimento de outras emoções negativas.

Primeiro, comparamos. Retornemos à mulher de 52 anos que queria ter seguido sua própria vontade ao escolher sua futura carreira, e não a de seu pai. Suponha que estivesse sofrendo apenas porque sua situação atual é deplorável. Só isso não constitui arrependimento. É tristeza, melancolia ou desespero. A emoção *se torna* arrependimento apenas quando ela se dá ao trabalho de embarcar na máquina do tempo, negar o passado e *contrastar* seu sombrio presente atual com o que poderia ter sido. A comparação vive no cerne do arrependimento.

Segundo, avaliamos a culpa. Nos arrependemos de falhas que são nossas, não de outras pessoas. Um importante estudo descobriu que cerca de 95% dos arrependimentos que as pessoas expressam envolvem situações que elas controlam, e não circunstâncias externas a elas.[14] Pense mais uma vez em nossa mulher arrependida. Ela compara sua situação de insatisfação com uma alternativa imaginada e fica frustrada. Esse passo é necessário, mas não suficiente. O que a empurra totalmente para o domínio do arrependimento é o fato de não existir alternativa: as decisões e ações foram suas. Essa é a causa de seu próprio sofrimento. Isso torna o arrependimento diferente — e muito mais aflitivo — de uma emoção negativa como a frustração. Por exemplo, eu posso ficar frustrado se o time de basquete da minha cidade, o Washington Wizards, não for o campeão da NBA, mas como eu nunca treinei o time nem o preparei para os jogos, não sou responsável e, portanto, não posso me arrepender disso. Eu só fico de mau humor e espero pela próxima temporada. Ou considere o exemplo de Janet Landman, ex-professora da Universidade de Michigan que escreveu muito sobre arrependimento. Um dia, uma criança perde seu terceiro dente. Antes de ir dormir, ela põe o dente debaixo do travesseiro e, quando acorda na manhã seguinte, descobre que a Fada do Dente esqueceu de substituí-lo por um prêmio. A criança fica *frustrada*. Mas são "os pais da criança que se *arrependem* de seu lapso".[15]

Temos, assim, duas capacidades que separam os humanos dos outros animais, seguidas de dois passos que separam o arrependimento de outras emoções negativas. Esse é o processo que produz essa emoção singularmente dolorosa e exclusivamente humana. Embora soe complicado, o processo ocorre com pouca conscientização e ainda menos esforço. É parte de quem somos. Como disseram dois estudiosos holandeses, Marcel Zeelenberg e Rik Pieters, "a maquinaria cognitiva das pessoas é pré-programada para o arrependimento".[16]

O resultado dessa pré-programação cognitiva é que o arrependimento, apesar de todas as exortações para bani-lo, é notavelmente comum. No American Regret Project, perguntamos a 4489 pessoas sobre seu comportamento, evitando usar de forma intencional essa palavra que começa com *a*: *Com qual frequência você olha a sua vida até aqui e pensa que gostaria de ter feito as coisas de um jeito diferente?* As respostas mostradas no gráfico abaixo são reveladoras.

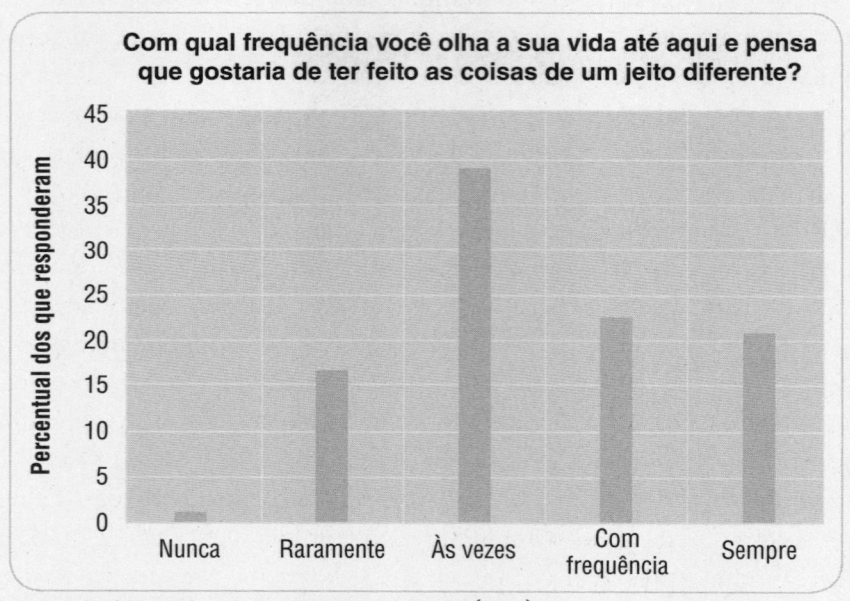

FONTE: Pink, Daniel et al. American Regret Project (2021).

Apenas 1% afirmou que nunca teve esse comportamento, e menos de 17% o tiveram raramente. Enquanto isso, cerca de 43% relataram fazer isso com frequência ou sempre. Ao todo, 82% disseram que essa atividade era ao menos às vezes parte de sua vida, o que faz com que seja mais fácil que um norte-americano experimente arrependimento do que escove os dentes.[17]

Isso ecoa o que pesquisadores vêm descobrindo nos últimos quarenta anos. Em 1984, a cientista social Susan Shimanoff gravou as conversas diárias de um grupo de estudantes universitários e de casais casados. Ela analisou as gravações e transcrições e identificou as palavras que expressavam ou descreviam sentimentos. Depois, compilou uma lista de emoções positivas e negativas que as pessoas mencionavam com mais frequência. Sentimentos como felicidade, excitação, raiva, surpresa e ciúme estavam entre as vinte primeiras. Mas a segunda emoção negativa — e em geral — mais comum era arrependimento. A única mencionada mais vezes que arrependimento foi amor.[18]

Em 2008, os psicólogos sociais Colleen Saffrey, Amy Summerville e Neal Roese examinaram a prevalência de emoções negativas na vida das pessoas. Apresentaram aos participantes uma lista com nove dessas emoções: raiva, ansiedade, tédio, frustração, medo, culpa, ciúme, arrependimento e tristeza. Depois fizeram uma série de perguntas sobre o papel que cada uma delas desempenhava em suas vidas. A que os participantes disseram ter experimentado mais foi o arrependimento. E a que afirmaram valorizar mais também.[19]

Uma pesquisa posterior que analisou respostas do mundo todo produziu resultados semelhantes. Um estudo de 2016 que rastreou as escolhas e o comportamento de mais de cem suecos descobriu que os participantes acabaram se arrependendo de cerca de 30% das decisões que tinham tomado na semana anterior.[20] Outro resultou numa amostra de experiências e atitudes de várias centenas de norte-americanos. Essa investigação, que examinarei de maneira mais completa no capítulo 5, descobriu que arrependimentos são onipresentes e estão espalhados em todas as áreas da vida, o que levou os autores a declarar que o sentimento "constitui um componente essencial da experiência humana".[21]

Na verdade, eu ainda não encontrei um estudo que não confirme a onipresença dessa emoção (e, acredite, eu procurei!). Acadêmicos de todas as áreas e que abordam o assunto de maneiras diversas, usando uma variedade de metodologias, chegam à mesma conclusão: "Ao que parece, viver é acumular ao menos alguns arrependimentos".[22]

Quando Michele Mayo estava prestes a completar cinquenta anos, decidiu fazer uma tatuagem — alguma coisa que assinalasse esse marco e afirmasse suas convicções. Enquanto refletia, relembrava sua infância. Filha de um oficial do Exército americano e de mãe francesa, Mayo passou seus primeiros anos na Alemanha, para onde o pai havia sido enviado. Nos feriados, a família fazia longas viagens para visitar a avó, na zona rural da França. Durante essas viagens, Mayo e as irmãs cantavam com a mãe as músicas favoritas dela.

Em 2017, num presente de aniversário adiantado para si mesma, viajou até a cidade de Salem, em Massachusetts, e voltou com a pele abaixo do pulso direito assim:

Crédito: Kathleen Basile

A mãe de Mayo era fã de Edith Piaf. E as palavras da cantora, que a família cantava naquelas viagens de carro tanto tempo antes, impactaram a filha quando adulta. Elas expressavam "como vivi minha vida, como me sentia em relação à minha vida", contou-me Mayo. Ela me disse que não tinha arrependimentos. Mas, como outras pessoas com quem falei, após essa afirmação, ela passou a descrever besteiras e escolhas ruins que havia feito. Como todos nós, ela muitas vezes entrava em sua máquina do tempo mental para reescrever uma história, comparando o que havia acontecido com o que poderia ter ocorrido e assumindo a responsabilidade pela lacuna. Para Mayo, no entanto, o sentimento ruim no fim desse pensamento, do que muitos tentam escapar, tinha sido valioso. "Essas coisas que eu desejaria não ter feito me ensinaram algo sobre o que fazer no futuro... Penso até mesmo nos erros como experiências de aprendizado", ela diz. "Espero poder dizer isso em meu leito de morte."

Essas cinco palavras em francês em seu pulso a lembram todo dia dessa aspiração. Mas ela também se mostra curiosa quanto à cantora que tornou essas palavras famosas. "Você sabia que [Edith Piaf] morreu sem nada?", perguntou-me Mayo. "Penso nela e me pergunto se, no fim, ela realmente não tinha arrependimentos. Imagine se você pudesse entrevistá-la agora."

Apesar das muitas maravilhas da videoconferência, não posso ter essa entrevista. Mas biógrafos e jornalistas apresentaram indícios do que Piaf estava pensando no dia 10 de outubro de 1963, menos de três anos depois de ter gravado a canção que consolidou sua fama. Deitada na cama, com a vida prestes a se esvair de seu sofrido corpo de 47 anos, suas últimas palavras foram: "Você tem que pagar por tudo o que faz nesta vida maldita".[23]

Isso parece vir de uma pessoa que não tem arrependimentos?

Contudo, se Piaf os considerasse, se os tivesse confrontado em vez de tentar evitá-los, teria descoberto algo mais importante: *Você pode ter bons resultados com tudo o que faz nesta vida maldita.* Porque, como estamos prestes a descobrir, o arrependimento só nos torna humanos. E nos faz melhores.

"Eu me arrependo de quase toda grande decisão que tomei. Aparentemente, eu sou péssimo nas grandes decisões. Pequenas decisões são muito fáceis."

Sexo masculino, 55 anos, West Virginia

"Quando meu marido estava hospitalizado, pouco antes de morrer, eu quis ficar na cama junto com ele para abraçá-lo, mas não o fiz. Gostaria de ter feito."

Sexo feminino, 72 anos, Flórida

"Queria não me preocupar com o que outras pessoas pensam. Ainda luto contra isso."

Sexo masculino, 33 anos, Japão

3. Os "pelo menos" e os "se ao menos"

Dos 306 eventos nas Olimpíadas de 2016, no Rio de Janeiro, a prova individual feminina de ciclismo de estrada foi uma das mais extenuantes. O percurso se estendia por cerca de 140 quilômetros pelas ruas da cidade e atravessava um parque nacional. Exigia das ciclistas passar por uma ladeira íngreme, sobreviver a uma descida traiçoeira e atravessar um longo trecho pavimentado com paralelepípedos. Mas quando a bandeira amarela foi abaixada às 12h15, no primeiro domingo de agosto, 68 ciclistas de elite se alinharam na praia de Copacabana para sair em busca da glória olímpica.

A corrida cumpriu sua brutal promessa. A temperatura pairava em torno de vinte e poucos graus Celsius, com uma penosa umidade de 75%. O sol aparecia com frequência entre as nuvens e torrava o asfalto. Quando ele recuava, uma leve chuva umedecia o percurso. Uma ciclista sofreu uma batida violenta. Outras logo estavam exaustas. E quase quatro horas após a largada, faltando apenas três quilômetros, a americana Mara Abbott liderava, seguida por um grupo de três ciclistas, cerca de 25 segundos atrás dela.

"Ela tem a medalha de ouro nas mãos", disse a apresentadora Rochelle Gilmore, que cobria a corrida para a TV Olímpica.

Mas Abbott, mais conhecida por sua força nas subidas do que por sua velocidade, não conseguiu sustentar a vantagem. Faltando apenas 150 metros — isto é, com 99,99% da corrida completada —, as outras ciclistas a ultrapassaram. Em grupo, elas chegaram à linha de chegada.

Anna van der Breggen, da Holanda, superou Emma Johansson, da Suécia, pela largura de um pneu. A italiana Elisa Longo Borghini chegou logo atrás. As três mulheres contrariaram as expectativas e conquistaram as medalhas.

Imagine a expressão em seus rostos.

Não, é sério. Reserve um momento e pense em quais seriam suas emoções. Visualize como se sentiram após anos de treinamento e horas de esforço que culminam no mais importante prêmio esportivo.

Desde 1872, quando Charles Darwin publicou *A expressão das emoções no homem e nos animais*, cientistas têm explorado como as expressões faciais revelam nosso humor. Muitas vezes tentamos ocultar nossos sentimentos — exibir humildade em vez de orgulho, ou determinação em vez de desânimo —, mas nosso rosto pode nos trair. E, na cerimônia de premiação dessa corrida, o rosto dessas vencedoras olímpicas revelava o que estavam sentindo.

Aqui, na foto tirada por Tim de Waele, o sorriso da vencedora depois de receber a medalha de ouro:

Aqui, uma medalhista de prata quase tão eufórica quanto:

E aqui, a finalista que ficou em terceiro lugar, contente — mas não totalmente emocionada — depois de receber sua medalha de bronze:

Até mesmo atletas de ponta são seres emocionais. E nesse momento his-
tórico em suas carreiras, suas emoções são inconfundíveis. Os finalistas vão
num crescendo de positividade — feliz, mais feliz, o mais feliz.

Os rostos não mentem.

Mas autores, às vezes, sim. E eu estava mentindo para vocês. Eis aqui a foto
completa do pódio da prova de ciclismo de estrada para mulheres:

Crédito: Tim de Waele, Getty Images

A radiante atleta no meio é de fato a medalhista de ouro, Anna van der Breggen. Mas a mulher muito feliz à sua esquerda (e à direita do leitor) é Elisa Longo Borghini, a ciclista italiana que terminou em terceiro lugar. A menos alegre do trio é a medalhista de prata, Emma Johansson.

Em outras palavras, a pessoa com o pior resultado entre as três (Borghini) parece estar mais feliz do que quem a venceu (Johansson). E essa foto não é muito diferente de outras, embora haja imagens de Johansson sorrindo depois da corrida. Considere as reações das atletas logo após cruzarem a linha de chegada. A medalhista de ouro, Van der Breggen, ergueu os dois braços, triunfante. A medalhista de bronze, Borghini, começou a trocar high-fives com uma parceira invisível. A medalhista de prata, Johansson, enterrou a cabeça nas mãos. O contraste emocional nem mesmo resulta de expectativas frustradas. Borghini entrou na corrida mais bem qualificada do que Johansson e esperava se sair melhor.

O que se vê nesses rostos das atletas é, em vez disso, um fenômeno que os cientistas comportamentais identificaram há mais de 25 anos e que abre uma nova janela na compreensão do arrependimento.

A EMOÇÃO DA DERROTA E A ANGÚSTIA DA VITÓRIA

O superpoder humano que descrevi no capítulo 2 — nossa capacidade de viajar mentalmente pelo tempo e conjurar incidentes e resultados que nunca aconteceram — nos faculta o que os lógicos chamam de "pensamento contrafactual". Divida o adjetivo em dois e seu significado é evidente. Somos capazes de conceber eventos que ocorrem *contra* os próprios *fatos*. "Contrafactuais são [...] um exemplo que caracteriza a imaginação e a criatividade que estão na interseção do pensamento com o sentimento", dizem Neal Roese, da Universidade Northwestern, e Kai Epstude, da Universidade de Groningen, dois dos principais estudiosos do assunto.[1] Contrafactuais permitem que imaginemos o que poderia ter sido.

Uma das mais claras demonstrações de seu impacto vem das Olimpíadas. Num estudo agora famoso sobre os Jogos de Verão de 1992, em Barcelona, Victoria Medvec e Thomas Gilovich, da Universidade Cornell, e Scott Madey, da Universidade de Toledo, reuniram vídeos de três dúzias de medalhistas de prata e de bronze. Apresentaram as imagens a um grupo de participantes que não sabia muito sobre esportes e não tinha assistido aos jogos. Eles observaram os atletas, porém não durante competições. Observaram-nos — com os resultados finais ocultos — logo após cada evento e no pódio de medalhas. Depois classificaram as expressões faciais dos competidores numa escala de dez pontos, "da agonia ao êxtase", que reproduzo abaixo:

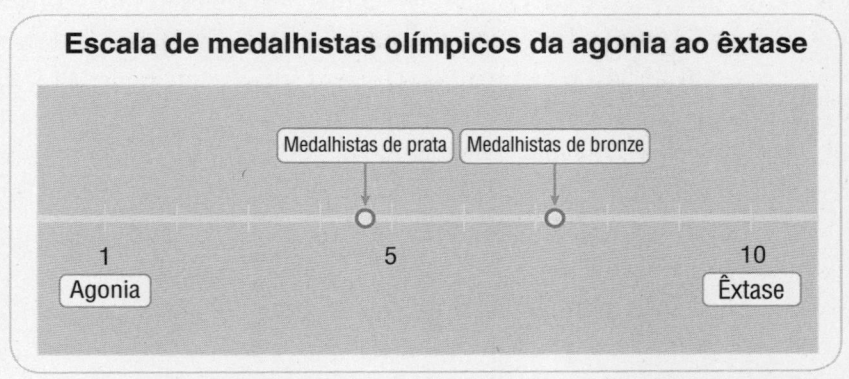

Escala de medalhistas olímpicos da agonia ao êxtase

FONTE: Victoria Husted Medvec, Scott F. Madey e Thomas Gilovich. "When Less Is More: Counterfactual Thinking and Satisfaction among Olympic Medalists". *Journal of Personality and Social Psychology*, v. 69, n. 4, 1995, p. 603.

Os atletas que chegaram em terceiro lugar parecem estar significativamente mais felizes do que os que terminaram em segundo. A classificação média das expressões faciais dos medalhistas de bronze foi 7,1. Mas os medalhistas de prata — pessoas que chegaram em segundo lugar na competição mais de elite do mundo — estavam neutros, até mesmo tendendo levemente para a insatisfação. Sua classificação: 4,8.

O motivo, concluíram os pesquisadores, era o pensamento contrafactual. Contrafactuais podem apontar para duas direções: para baixo ou para cima. Com "contrafactuais para baixo" nós contemplamos como uma alternativa poderia ter sido *pior*. Eles nos induzem a dizer: "Pelo menos..." — como em "Claro, eu tirei nota cinco na prova, mas pelo menos passei de ano e não preciso repetir". Chamemos esses tipos de contrafactuais de "pelo menos".

A outra variedade é conhecida como "contrafactuais para cima". Nos contrafactuais para cima, imaginamos como as coisas poderiam ter sido *melhores*. Eles nos fazem dizer "se ao menos...", como em "Se ao menos eu tivesse frequentado mais as aulas e estudado toda a matéria, teria tirado uma nota maior". Chamemos esses contrafactuais de "se ao menos".

Quando os pesquisadores reviram na TV as entrevistas dos competidores após a prova, encontraram os medalhistas de bronze murmurando felizes "pelo menos". "Pelo menos não terminei em quarto. Pelo menos ganhei uma medalha!" Os medalhistas de prata, contudo, estavam arrasados, com "se ao menos". E isso dói. "O segundo lugar está a apenas um passo da tão desejada medalha de ouro, e todas as respectivas recompensas sociais e financeiras", escreveram Medvec e seus colegas. "Assim, toda alegria que um medalhista de prata pode sentir costuma ser mitigada por pensamentos tortuosos sobre o que poderia ter sido se ele apenas alongasse seus passos, acertasse a respiração, esticasse os pés etc."[2]

A ideia de que pessoas que terminaram em uma colocação melhor se sentem pior é provocativa — o tipo de descoberta sedutora que gera manchetes e arrebata as redes sociais. Durante a última década, a ciência social lutou com o que alguns chamaram de "crise de replicação".[3] Muitas descobertas, em especial aquelas que pareceram ser mais surpreendentes e dignas de notícia, não se sustentam diante de um exame mais detalhado. Quando outros estudiosos reconduzem os experimentos, eles muitas vezes não produzem os mesmos resultados tentadores, pondo em questão a validade das descobertas anteriores.

Mas o estudo Medvec-Gilovich-Madey foi replicado. Até mesmo suas réplicas foram replicadas. Por exemplo, David Matsumoto, da Universidade Estadual de San Francisco, reuniu cerca de 21 mil fotos de competições de judô de homens e mulheres nas Olimpíadas de 2004, em Atenas; um enorme conjunto que representava 84 atletas de 35 países. Independentemente da nacionalidade ou da etnia, a diferença nas expressões faciais dos medalhistas era gritante. Durante as cerimônias do pódio, os medalhistas de ouro quase sempre ostentavam um grande sorriso (que é chamado de "sorriso de Duchenne"). Os medalhistas de bronze também. E os medalhistas de prata? Nem tanto. Sorriam quatro vezes menos do que suas contrapartes.[4]

Em 2020, William Hedcock, da Universidade de Minnesota, e Andrea Luangrath e Raelyn Webster, da Universidade de Iowa, foram além. Reuniram fotos de 413 atletas de 142 esportes e 67 países tiradas em cinco Olimpíadas diferentes. No entanto, em vez de pedir que outras pessoas avaliassem as expressões faciais dos atletas, como nos estudos anteriores, usaram o Emotient, um software que codifica automaticamente as expressões. (O programa permitiu que os pesquisadores analisassem as expressões mais rápido, sem os possíveis vieses de examinadores humanos.) Mais uma vez, os resultados foram mantidos. Medalhistas eram os que mais sorriam. Mas os de bronze sorriam muito mais do que os de prata. "Os que se saíram melhor em termos objetivos se sentiram, no entanto, pior", anotaram os autores do trabalho.[5]

Eu assisti várias vezes à corrida de estrada no Rio de Janeiro, em 2016. Nos minutos seguintes à sua conclusão, é fácil ver o consolo do "pelo menos" e a ferida do "se ao menos". Borghini, a medalhista de bronze, parecia estar em júbilo. Ela saltou da bicicleta, foi até um grupo de amigos e familiares e abraçou cada um deles. "Elisa Borghini está absolutamente feliz com uma medalha nas Olimpíadas!", exclamaram os apresentadores.

Enquanto isso, Johansson abraçou o marido em silêncio, o semblante sem expressão, enquanto os apresentadores anunciavam seus próprios contrafactuais para cima: "Mais cinquenta ou cem metros e ela poderia ter chegado na frente", especularam. Foi um momento de "mistura de emoções" para ela, explicaram. "Medalhista de prata mais uma vez." De fato, Johansson tinha ganhado a prata no mesmo evento, nas Olimpíadas de 2008. (Não competiu nos Jogos de 2012 devido a uma lesão.) Terminou em segundo em várias outras corridas, o que lhe valeu um apelido no mundo do ciclismo que ela nunca abraçou — *Silver Emma*, a Emma de Prata. "Ela é a Emma de Prata", disse a mãe de Johansson à TV sueca depois da corrida. "Acho que está feliz, mas queria o ouro."[6]

Se ao menos.

O PARADOXO DA DOR E A DOR DO PARADOXO

"Pelo menos" faz com que nos sintamos melhor. "Pelo menos acabei ganhando uma medalha — ao contrário daquela ciclista americana que vacilou nos segundos finais da corrida e não chegou ao pódio." "Não consegui a promoção, mas pelo menos não fui demitido." O "pelo menos" oferece conforto e consolo.

Em contraste, "se ao menos" faz com que nos sintamos pior. "Se ao menos eu tivesse começado a perseguição final alguns segundos antes, eu teria ganhado a medalha de ouro." "Se ao menos eu tivesse assumido mais alguns desafios, teria conseguido essa promoção." O "se ao menos" causa desconforto e aflição.

Assim, parece que nós, humanos, deveríamos favorecer a primeira categoria — preferindo o cálido "pelo menos" ao frio "se ao menos". Afinal, somos feitos para buscar prazer e evitar a dor — preferir cupcakes de chocolate a um shake de frutas, e sexo com quem amamos a um encontro com o fiscal do imposto de renda.

Mas a verdade não é essa. É muito mais provável que você tenha um momento de Emma de Prata do que de Borghini de Bronze. Quando pesquisadores rastrearam os pensamentos das pessoas pedindo que anotassem em diários ou selecionando-as de forma aleatória para perguntar no que estavam pensando, descobriram que havia mais "se ao menos" do que "pelo menos" — muitas vezes com uma diferença grande entre eles.[7] Um estudo descobriu que 80% dos contrafactuais que as pessoas produzem são "se ao menos". Outra pesquisa chegou a um número ainda maior.[8] A principal exceção são situações nas quais contornamos calamidades. Por exemplo, um estudo com turistas que testemunharam um terrível tsunami, mas conseguiram escapar, descobriu que, vários meses depois, eles mencionaram dez comparações do tipo "pelo menos" para cada "se ao menos". Eles não se sentiam aflitos por terem sido expostos a um desastre natural; sentiam-se felizes por terem sobrevivido.[9] Em certo sentido, essa é também a experiência de um medalhista de bronze, que evitou a catástrofe muito menos devastadora de não conseguir uma medalha olímpica. Mas, em nossas vivências do dia a dia, nesses momentos cotidianos que formam a maior parte da existência humana, é muito mais provável que conjuremos "se ao menos" quando pensamos no que poderia ter sido. É assim que nosso cérebro e nossa mente funcionam.

Duas décadas de pesquisa de pensamento contrafactual expuseram uma esquisitice: pensamentos sobre o passado que nos faz nos sentirmos melhores são relativamente raros, enquanto aqueles que nos faz nos sentirmos piores são muito mais comuns. Será que somos masoquistas que se autossabotam?

Não, ou pelo menos não todos nós. Em vez disso, somos organismos programados para a sobrevivência. Contrafactuais "pelo menos" preservam nossos sentimentos no momento, mas raramente melhoram nossas decisões ou nosso desempenho no futuro. Contrafactuais "se ao menos" degradam nossos sentimentos agora, mas — e esse é o ponto— podem melhorar nossas vidas mais tarde.

O arrependimento é o contrafactual para cima quintessencial — o "se ao menos" definitivo. Cientistas estão descobrindo que a fonte de seu poder é que ele confunde o cálculo dor-prazer convencional.[10] Seu propósito é nos fazer nos sentirmos piores — porque, ao nos fazer nos sentirmos piores hoje, o arrependimento nos ajuda a agir melhor amanhã.

"Eu me arrependo de quando ficava constrangida por ser mexicana. Eu era capaz de passar por não mexicana (tenho a pele clara, assim muita gente não sabia de onde eu era até conhecer a minha família, que é morena). Agora eu abraço meu povo e minha herança. Só estou envergonhada por não ter feito isso antes."

Sexo feminino, 50 anos, Califórnia

"Eu me arrependo de ter traído o meu namorado, com quem fiquei sete anos, em vez de ter apenas rompido a relação. E me arrependo por ter feito isso de novo depois de ter concordado em ficar com ele."

Sexo feminino, 29 anos, Arizona

"Meu arrependimento mais profundo em 52 anos de vida é tê-la vivido cheio de medo. Tinha medo de falhar e parecer bobo, e por isso não fiz muitas coisas que queria ter feito."

Sexo masculino, 52 anos, África do Sul

4. Por que o arrependimento nos faz melhores

There is a crack, a crack in everything,
That's how the light goes in.
[Há uma rachadura, uma rachadura em tudo
É assim que a luz entra.]
Leonard Cohen, 1992

Talvez você conheça a Primeira Lei dos Buracos: "Quando descobrir que está num buraco, pare de cavar". E talvez você a tenha ignorado. Muitas vezes fazemos coisas ruins ao investir tempo, dinheiro e esforço em causas perdidas, em vez de estancar as perdas e mudar de tática. Continuamos a financiar um projeto irremediável porque já gastamos muito com ele. Redobramos os esforços para salvar um relacionamento irrecuperável porque já dedicamos alguns anos a ele. O conceito psicológico é conhecido como "escalar de um compromisso para um plano de ação falho". É um dos muitos vieses cognitivos que podem poluir nossas decisões.

Também é algo que experimentar um arrependimento pode corrigir. Hoje na London Business School, Gillian Ku descobriu que fazer as pessoas pensarem nessa escalada de compromisso e depois se arrependerem dela diminui a probabilidade de cometer o erro de novo.[1] Induzir essa sensação desagradável de "se ao menos" tornou o comportamento futuro melhor.

OS TRÊS BENEFÍCIOS DO ARREPENDIMENTO

A redução de vieses cognitivos como a escalada do compromisso para um plano de ação falho é apenas um modo pelo qual o arrependimento, ao fazer com que nos sintamos pior, pode nos ajudar a melhorar. Uma rápida análise das pesquisas mostra que, quando usado da forma correta, o arrependimento oferece três amplos benefícios. Ele pode aguçar nossas aptidões para a tomada de decisões. Pode elevar nosso desempenho em diversas tarefas. E pode fortalecer nosso senso de significado e conectividade.

1. O arrependimento pode melhorar as decisões

Para começar a compreender as propriedades de melhoria do arrependimento, imagine o seguinte cenário.

Durante a pandemia de 2020-1, você adquiriu de forma precipitada um violão, mas nunca chegou a tocá-lo. Agora ele está ocupando espaço em seu apartamento — e um dinheirinho não faria mal. Assim, você decide vendê-lo.

Por sorte, sua vizinha, Maria, está procurando um violão usado. Ela pergunta quanto você quer pelo instrumento.

Suponha que você o tenha comprado por quinhentos dólares. Não há como cobrar da Maria essa quantia por um item usado. Seria bom conseguir trezentos dólares, mas isso parece um pouco alto. Assim, você sugere 225 dólares, planejando chegar a um acordo em duzentos.

Quando Maria ouve seu preço, aceita de imediato e lhe entrega o dinheiro.

Você está sentindo algum arrependimento?

Provavelmente. Muitas pessoas sentem, ainda mais em situações em que há mais em risco do que a venda de um violão usado. Quando outros aceitam sua primeira oferta sem hesitação ou regateio, costumamos nos recriminar por não ter pedido mais.[2] No entanto, reconhecer o arrependimento nessas situações — aceitando, e não rejeitando, essa emoção adversa — pode melhorar nossas decisões no futuro. Por exemplo, em 2002, Adam Galinsky, hoje na Universidade Columbia, e três outros psicólogos sociais estudaram negociadores cujas primeiras ofertas tinham sido aceitas. Pediram a eles que avaliassem quão melhor poderiam ter se saído se tivessem pedido mais. Quanto mais estavam arrependidos de sua decisão, mais tempo gastavam se preparando para a negociação seguinte.[3] Um estudo análogo feito por Galinsky, Laura Kray, da Universidade da Califórnia, em Berkeley, e Keith Markman, da Universidade de Ohio, descobriu que, quando as pessoas olham retrospectivamente para negociações anteriores e pensam no que se arrependem de não terem feito — por exemplo, não apresentar uma primeira oferta forte —, elas tomam decisões melhores em negociações posteriores. Além disso, essas decisões reforçadas pelo arrependimento ampliam os benefícios. Durante seus encontros posteriores, negociadores arrependidos aumentaram o tamanho do bolo e obtiveram uma fatia maior. O simples ato de contemplar o que tinham feito antes expandiu as possibilidades do que poderiam fazer depois e forneceu um roteiro para interações futuras.[4]

Vários estudos demonstram que o principal efeito está em nossa "higiene de decisão".[5] Apoiar-se num arrependimento aprimora nosso processo de tomada de decisões — porque a negatividade nos faz desacelerar. Reunimos mais informação. Consideramos uma variedade maior de opções. Levamos mais tempo para chegar a uma conclusão. Como pisamos com mais cautela, é menos provável que caiamos em alçapões cognitivos como a confirmação de um viés.[6] Um estudo com CEOs descobriu que incentivar líderes de negócios a refletir sobre seus arrependimentos exerce uma "influência positiva em suas decisões futuras".[7]

Barry Schwartz, um dos primeiros psicólogos sociais a levar a sério o arrependimento, explica que esse sentimento desagradável "serve a várias funções importantes". Ele pode "enfatizar os erros que cometemos ao chegar a uma decisão, de modo que, se uma situação semelhante surgir no futuro, não os faremos de novo".[8]

Esse tema está presente em muitos dos registros na World Regret Survey, inclusive este, de um pai que tem uma boa memória:

> Eu gritei com minha filha quando ela tinha cinco anos, a caminho da escola, quando ela derramou um pouco de iogurte no uniforme. Realmente perdi a paciência e me arrependo desde então. Ela não merecia. Eu a deixei tão triste, e por quê? Por uma pequena mancha no uniforme? Sempre irei me arrepender daquele momento. Nunca mais gritei com ela daquele jeito. Então, aprendi com meu erro, mas gostaria de poder apagar aquilo.

Esse pai ainda se sente mal por seu comportamento no passado, mas usou esse sentimento para tomar decisões diferentes no futuro e nunca mais gritar com a criança daquele jeito.

Enquanto alguns pais ainda tentam melhorar as suas tomadas de decisão, a capacidade de arrependimento pode ser uma parte fundamental de como nossos filhos aprendem a raciocinar e a tomar decisões por si mesmos. Pesquisadores irlandeses fizeram diversos experimentos e mostraram que as aptidões das crianças para tomar decisões melhoram muito quando elas cruzam o limiar desenvolvimental, por volta dos sete anos, que lhes permite experimentar arrependimento. "O desenvolvimento do arrependimento permite às crianças aprender com decisões anteriores, de modo a adaptar suas escolhas", afirmam Eimear O'Connor, Teresa McCormack e Aidan Feeney.[9]

Nosso aparato cognitivo é projetado, ao menos em parte, para nos sustentar no longo prazo e não para nos dar alívio num prazo curto. Precisamos da aptidão de nos arrepender de nossas decisões ruins — nos sentir mal por causa delas — exatamente para assim melhorar essas decisões no futuro.

2. Arrependimento pode melhorar desempenho

Anagramas são uma matéria-prima importante para a pesquisa psicológica. Por exemplo, reúna participantes num recinto. Dê a eles algumas palavras ou frases para que as rearranjem, formando novas palavras ou frases. Então, manipule seu humor, sua mentalidade, o ambiente ou qualquer outra variável para ver como isso afeta seu desempenho.

Por exemplo, em um experimento, Keith Markman (de um dos estudos sobre negociação) e dois colegas deram aos participantes dez anagramas para que os resolvessem. Após supostamente darem "notas" para os resultados, disseram aos participantes que eles só tinham encontrado metade das palavras compatíveis. Depois, incentivaram a que sentissem certo arrependimento. "Fechem os olhos e pensem em seus desempenhos nos anagramas, refletindo sobre como poderiam ter se saído melhor", disseram. "Tomem um minuto e analisem em detalhe." Com a cabeça agora repleta de "se ao menos", eles se sentiram pior — em especial quando contrastados com outro grupo ao qual foi pedido que fossem feitas comparações do tipo "pelo menos". No entanto, na rodada seguinte, o grupo arrependido resolveu mais problemas e conduziu a tarefa por mais tempo que quaisquer outros participantes.[10] Essa é uma das descobertas centrais sobre arrependimento: ele pode aprofundar persistência, o que quase sempre melhora o desempenho. Um dos pioneiros no estudo do pensamento contrafactual, Neal Roese, cuja pesquisa está mencionada neste livro e nas notas, usou anagramas em um de seus primeiros — e mais influentes — trabalhos. Também descobriu que induzir arrependimento — instigando participantes com "se ao menos" — habilitava as pessoas a resolver mais anagramas, e a resolvê-los mais rápido.[11]

Ou saia do laboratório e entre num cassino. Num experimento intrigante, também conduzido por Markman, foi pedido às pessoas que jogassem vinte e um contra um computador. Os responsáveis pelo experimento disseram à metade dos participantes que após a primeira rodada eles iriam embora. À outra metade, avisaram que jogariam ainda mais algumas rodadas. Aqueles que sabiam que jogariam de novo geraram muito mais "se ao menos" do que aqueles que jogariam apenas uma vez. Eles tendiam a se arrepender por usar uma estratégia de jogo falha ou por assumir risco demais ou de menos. Enquanto isso, o primeiro grupo evitou negatividade. Geraram mais "pelo menos" ("pelo menos não perdi todo o meu dinheiro!"). No entanto, os jogadores do segundo grupo começaram de forma voluntária o processo desagradável de experimentar arrependimento "porque precisavam da informação preparatória que os ajudaria a ir melhor", escreveram os pesquisadores. "Participantes que não esperavam jogar de novo não precisavam dessa informação e, em vez disso, só queriam se sentir bem quanto a seu desempenho atual."[12]

Até mesmo pensar no arrependimento de *outras* pessoas pode favorecer a melhora do desempenho. Vários estudos introduziram uma personagem chamada Jane, que está assistindo a um show de sua banda de rock preferida. Jane começa o show na poltrona que corresponde a seu bilhete, mas depois muda para outra, mais próxima do palco. Pouco depois, a banda anuncia que vão sortear uma poltrona e seu ocupante irá ganhar uma viagem ao Havaí. Às vezes, é dito aos participantes que Jane *foi* para a poltrona sorteada. Outras, que a poltrona que Jane *deixou* foi a vencedora. Arrependimento! As pessoas que ouviram a versão "se ao menos" de Jane e depois fizeram o vestibular para direito tiveram notas 10% mais altas que as do grupo de controle. Também se saíram melhor resolvendo quebra-cabeças complexos, como o problema da vela de Duncker, um famoso teste experimental de pensamento criativo.[13]

Fazer as pessoas pensarem de forma contrafactual, de modo a experimentar até mesmo um arrependimento vicário, parece "escancarar a porta para possibilidades", explicam Galinsky (dos estudos de negociação) e Moskowitz. Isso incute mais energia, velocidade e criatividade nas deliberações posteriores que as pessoas fazem.

Certamente, o arrependimento nem sempre melhora o desempenho. Ficar preso a esse sentimento durante tempo demais ou reviver a falha repetidas vezes pode ter o efeito oposto. Escolher o objeto errado para seu arrependimento — digamos, por estar usando um boné de beisebol vermelho na mesa de vinte e um e não por ter tirado outra carta quando tinha na mão um dez e um rei — não melhora nada. E às vezes a dor inicial pode momentaneamente nos derrubar. Mas, na maioria das vezes, refletir mesmo que um pouco sobre como podemos nos beneficiar de um arrependimento melhora nossa apresentação posterior.[14]

Um arrependimento estimulado por reveses pode até ser bom para sua carreira. Um estudo de 2019 conduzido por Yang Wang, Benjamin Jones e Dashun Wang, da Kellogg School of Management, examinou uma base de dados de requerimentos que jovens cientistas tinham apresentado para uma bolsa no prestigioso Instituto Nacional de Saúde dos Estados Unidos. Os autores do estudo selecionaram mais de mil formulários de inscrição que estavam próximos da nota necessária para ganhar a bolsa. Cerca de metade dos requerentes atingiu a nota e venceu por pouco, contornando o arrependimento. A outra metade não chegou lá. Estes perderam a bolsa por muito pouco e manifestaram arrependimento. Depois, os pesquisadores examinaram o que tinha acontecido nas carreiras desses cientistas. As pessoas que estavam no segundo grupo, do "se ao menos", superavam de modo sistemático o desempenho do primeiro, o do "pelo menos". Essas Emmas de Prata da ciência foram mais tarde citadas com muito mais frequência e tiveram 21% mais chance de produzir um trabalho impactante. Os pesquisadores concluíram que o próprio revés forneceu o combustível. O fracasso recente provavelmente suscitou arrependimento, o que estimulou reflexão e revisão da estratégia e melhorou o desempenho.[15]

3. O arrependimento pode aprofundar o significado

Algumas décadas atrás, passei quatro anos em Evanston, Illinois, onde me formei na Universidade Northwestern. No geral, estou satisfeito com minha experiência na faculdade. Aprendi muita coisa e fiz várias amizades para toda a vida. Mas às vezes me pergunto como teria sido se eu não tivesse ido para a faculdade ou se tivesse ido para outra universidade. E, pela mesma estranha razão, essas reflexões costumam me deixar mais, e não menos, satisfeito com a experiência, como se essa pequena fatia de tempo fosse de algum modo integral para toda a minha história.

Acontece que não sou tão especial.

Em 2010, uma equipe de cientistas sociais, que incluía Kray, Galinsky e Roese, pediu a um grupo de universitários da Northwestern que refletissem de modo contrafactual sobre sua escolha universitária e sobre os amigos que fizeram no período. Quando os estudantes o fizeram, imaginando ter frequentado uma universidade diferente ou ter se relacionado com outro grupo de amigos, sua reação foi como a minha. A escolha factual parecia ser de algum modo mais significativa. "A reflexão contrafactual concede maior significado a experiências de vida e relacionamentos importantes", concluiu o estudo.

E esse efeito não está limitado a períodos em que somos jovens e egocêntricos. Na verdade, outras pesquisas descobriram que pessoas que pensam de modo contrafactual sobre momentos cruciais em suas vidas encontraram um significado maior do que quem pensa de forma explícita sobre o significado desses acontecimentos. Os caminhos indiretos do "se ao menos" e do "pelo menos" ofereciam uma rota mais rápida ao significado do que o caminho direto do próprio significado ponderado.[16] Da mesma forma, quando pessoas consideram alternativas contrafactuais para acontecimentos, experimentam níveis mais elevados de sentimento religioso e um senso mais profundo de propósito do que quando simplesmente relatam os fatos desses acontecimentos.[17] Esse modo de pensar pode até mesmo incrementar sentimentos de patriotismo e compromisso com alguma organização.[18]

Embora esses estudos examinem a categoria mais ampla dos contrafactuais, o arrependimento em particular aprofunda nossa percepção de significado e direciona nossa vida para seu propósito. Por exemplo, conduzir uma "análise de meia-idade" focada em arrependimentos pode nos incitar a rever nossos objetivos e nos levar a viver de outra forma.[19] Ou vejam o que diz Abby Henderson, uma pesquisadora de saúde comportamental de 29 anos, que contribuiu para a World Regret Survey:*

> Eu me arrependo de não ter aproveitado o fato de ter passado muito tempo com meus avós quando era criança. Eu me ressentia de sua presença em minha casa e de seu desejo de se conectar comigo, e agora daria tudo para ter esse tempo de volta.

Henderson era a mais nova de três irmãos e cresceu num lar feliz em Phoenix, Arizona. Seus avós paternos viviam na pequena Hartford City, Indiana. Todo inverno, para fugir do frio do Meio-Oeste, eles visitavam Phoenix por um ou dois meses, em geral na casa dos Henderson. A jovem Abby não gostava disso. Ela era uma criança tranquila cujos pais trabalhavam, e ela curtia o tempo que passava sozinha em casa após a escola. Seus avós perturbavam essa tranquilidade. Sua avó a esperava após as aulas e sempre queria saber como havia sido seu dia — e Abby resistia a essas tentativas de conexão.

Agora ela se arrepende disso.

"O meu maior arrependimento é que não ouvia suas histórias", ela me contou numa entrevista. No entanto, isso mudou a forma como ela agia em relação a seus próprios pais. Instigada por esse arrependimento, ela e seus irmãos compraram para o pai, que está na casa dos setenta anos, uma assinatura de StoryWorth. Toda semana o serviço envia um e-mail com uma única pergunta (Como era sua mãe? Qual é sua lembrança mais querida da infância? E — sim — que arrependimentos você tem?). O destinatário responde contando uma história. No fim do ano, essas narrativas são compiladas num livro de capa dura. Por conta do empurrãozinho do "se ao menos", ela disse: "Eu busco coisas mais significativas. Busco mais conexão... Não quero sentir, quando meus pais morrerem, o que senti em relação a meus avós — 'o que foi que eu perdi?'".

Abby diz que essa dor a ajudou a ver sua própria vida como um quebra-cabeça cuja peça central é buscar significado. "Quando pessoas a minha volta

* As pessoas que contribuíram para a World Regret Survey apresentaram seus arrependimentos de maneira anônima. Mas podiam voluntariamente dar seu endereço de e-mail se quisessem ser contatadas para uma entrevista de seguimento.

dizem 'sem arrependimentos', eu reajo e respondo: 'Se você não cometer erros, como vai aprender e crescer?'", ela me falou. "Quero dizer, quem é que chega aos vinte anos sem arrependimentos? Os empregos ruins que eu aceitei, os namoros ruins em que me meti." No entanto, mais tarde ela descobriu que toda vez que tinha um arrependimento, era "em parte porque eu estava tentando excluir o significado da equação".

Um dos traços da avó que Abby se lembra era de seu enorme talento como confeiteira, em especial as tortas que sempre fazia de sobremesa. "Se você passou a vida comendo tortas sem graça, vai pensar que todas são assim. Mas depois de provar a torta de morango de minha avó, não tem volta." Para Abby, existe uma metáfora à espreita aí.

"Minha vida tem mais sabor por causa de meus arrependimentos", ela me disse. "Lembro o gosto amargo do arrependimento. Assim, quando algo é doce, é muito mais doce." Ela sabe que nunca terá seu tempo de volta com os avós. "É um gosto que sempre vai fazer falta para mim", afirma ela. Reunir as histórias de seu pai, o que não teria feito sem o empurrãozinho do "se ao menos", ajuda. "É uma boa forma de substituir."

"Mas uma coisa não fica no lugar da outra. Nada vai preencher aquele sabor. Vou passar o restante da vida com essa pequena lacuna. No entanto, isso vai dizer algo para todo o resto que eu fizer."

Quando manejado da maneira adequada, o arrependimento pode nos tornar melhores. Compreender seus efeitos aprimora nossas decisões, melhora nosso desempenho e propicia um senso mais profundo de significado. O problema, no entanto, é que muitas vezes não o fazemos.

PARA QUE SERVEM OS SENTIMENTOS?

Em algum momento, quase todo livro conhecido sobre comportamento humano menciona William James, o polímata norte-americano do século XIX e professor de Harvard que escreveu o primeiro manual de psicologia, deu o primeiro curso de psicologia e é amplamente considerado o fundador da área. Este livro vai honrar agora essa tradição.

No capítulo 22 de sua obra-prima de 1890, *The Principles of Psychology* [Princípios de psicologia], James contemplou o propósito da capacidade humana de pensar. Ele propôs que o modo como pensamos, até mesmo o *que* pensamos, depende de nossa situação. "Agora que estou escrevendo, é essencial que eu veja o papel que está à minha frente como uma superfície para registro", ele escreveu. "Se eu não conseguir fazer isso, terei de parar com meu trabalho." Mas, em outras situações — suponha que ele precise acender um fogo e não tenha nada mais à mão —, ele pensará no papel como algo diferente. O próprio papel tem infinitas variações — "combustível, superfície para escrever, uma coisa fina, uma coisa hidrocarbonácea, uma coisa de vinte centímetros numa dimensão e 25 centímetros na outra, uma coisa a apenas duzentos metros de certa pedra no quintal de meu vizinho, uma coisa norte--americana etc., ad infinitum".

Depois ele lançou uma bomba intelectual que reverbera até hoje: "Meu pensamento é, primeiro, por último e sempre, em benefício do que eu faço".[20]

Psicólogos modernos confirmaram a observação de James, suprimindo nove palavras para maior ênfase: *Pensar é para fazer.*[21] Agimos para poder sobreviver. Pensamos para poder agir.

Mas sentimentos são mais complicados. Qual é o propósito das emoções — em especial as desagradáveis, como o arrependimento? Se pensar é para fazer, para que serve o sentir?

Uma ideia: *Sentir é para ignorar.* Esse ponto de vista afirma que emoções não são significativas. São meros aborrecimentos, distrações de questões sérias. Melhor rebatê-las para longe ou jogá-las no esquecimento. Deve-se focar no que é prático e realista, evitar o que é sentimental, e tudo estará bem.

Ora, guardar negatividade em seu porão emocional só irá adiar o momento em que você tem de abrir a porta e encarar a bagunça que armazenou lá dentro. Uma terapeuta escreveu que emoções bloqueadas podem até levar a "problemas físicos como doenças cardíacas, problemas intestinais, dores de cabeça, insônia e transtornos autoimunes".[22] O ato de enterrar emoções negativas não as dissipa. Ao contrário, intensifica-as, e os contaminantes se dissolvem como lixívia no solo de nossas vidas. Diminuir com frequência as emoções negativas tampouco é uma estratégia sensata. Arrisca transformar você no dr. Pangloss, de *Cândido*, que ao lidar com uma catástrofe após outra simplesmente declarava: "Todos os acontecimentos estão devidamente encadeados no melhor dos mundos possível". A minimização de técnicas como a dos contrafactuais "pelo menos" tem seu lugar, como explico no capítulo 12. Elas podem nos acalmar, e às vezes é disso que precisamos. Mas também podem nos dar um falso conforto e nos privar dos instrumentos com os quais abordar a fria realidade, tornando-se um dogma que, ao contrário, atrapalha decisões e impede o crescimento.

Outra ideia: *Sentir é para sentir.* De acordo com essa visão, as emoções são a essência de nosso ser. Fale sobre elas. Desabafe. Deleite-se. "Confie sempre em seus sentimentos", diz essa perspectiva.[23] Eles devem ser honrados — postos num trono e reverenciados. Emoções são a verdade única e real. São tudo que existe; todo o resto é comentário.

Para emoções negativas, em especial o arrependimento, essa abordagem é até mais perigosa do que a estratégia panglossiana de ilusão mediante elisão. Arrependimento demais é perigoso, às vezes é devastador. Pode levar à ruminação, que degrada gravemente o bem-estar, e à regurgitação de erros passados, o que pode inibir a capacidade de progredir. Arrependimento em excesso está ligado a uma série de problemas de saúde mental — os mais relevantes, depressão e ansiedade, mas também transtorno de estresse pós-traumático.[24] "Indivíduos que ruminam seus arrependimentos têm mais probabilidade de reportar uma satisfação reduzida com a vida e experimentar dificuldade em lidar com acontecimentos negativos", conclui um trabalho.[25] Isso é verdadeiro em particular quando arrependimentos se tornam repetitivos. O pensamento repetitivo pode piorar o arrependimento, e este pode exacerbar aquele, criando uma espiral de sofrimento descendente.[26] Ruminação não esclarece nem instrui, mas turva e distrai. Quando sentir é só para sentir, construímos uma câmara de onde é difícil escapar.

Quando se trata de arrependimento, uma terceira ideia é mais saudável: *Sentir é para pensar.* Não se desvie de emoções. Tampouco fique remoendo-as. Enfrente-as. Use-as como um catalisador para o comportamento futuro. Se pensar é para fazer, sentir pode nos ajudar a pensar.[27]

Essa abordagem é análoga à da moderna ciência do estresse. *Estresse.* Parece ruim. Mas estresse, sabemos agora, não é uma coisa única e não maleável. Muito de como nos afeta, mesmo aquilo que ele é em termos fundamentais, depende de nossa mentalidade individual.[28] Se pensarmos no estresse como permanente e debilitante, isso nos empurra numa direção. Se pensarmos nele como temporário e intensificador, nos leva a outra. Estresse crônico, onipresente, é tóxico. Mas o sentimento ocasional, agudo, é útil, até mesmo essencial.

O arrependimento pode funcionar de forma semelhante. Por exemplo, enquadrá-lo como um julgamento de nosso caráter subjacente — quem nós somos — pode ser destrutivo. Agora, como uma avaliação de um comportamento específico numa situação específica — o que fizemos — pode ser instrutivo. Suponha que você esqueceu o aniversário de alguém muito querido. Arrepender-se de ser indiferente não vai ajudar. Um arrependimento por não anotar datas importantes num calendário ou por não expressar com regularidade gratidão à família é útil. Diversas pesquisas mostram que quem aceita, em vez de julgar, suas experiências negativas acaba se saindo melhor.[29]

Da mesma forma, enquadrar o arrependimento como uma oportunidade, e não uma ameaça, nos ajuda a transformá-lo — operando como uma vara afiada, e não como um cobertor de chumbo. Arrependimentos que magoam de forma profunda, mas se dissolvem rapidamente, levam a uma resolução mais eficaz de problemas e a uma saúde emocional mais vigorosa.[30] Quando o arrependimento sufoca, pode nos colocar para baixo. Mas quando nos dá um empurrão, é capaz de nos erguer.

A chave é usar o arrependimento para catalisar uma reação em cadeia: o coração sinaliza para a cabeça, a cabeça inicia uma ação. Todos os arrependimentos se agravam. Os produtivos se agravam, depois ativam. O quadro a seguir explica o processo. Você pode concluir que sentimento é para ser ignorado — ser enterrado ou minimizado. Isso leva à ilusão. Pode concluir que é para sentir — e se chafurdar nele. Isso leva ao desespero. Ou pode concluir que é para pensar — e abordá-lo. O que esse arrependimento diz a você? Que instruções oferece para tomar decisões melhores? Para melhorar seu desempenho? Para aprofundar sua percepção do significado?

No século XV, ou assim conta a história, um xogum japonês chamado Ashikaga Yoshimasa deixou cair uma tigela de chá, que se quebrou em vários pedaços ao tocar o chão. Ele a enviou à China para ser consertada, mas o que recebeu de volta meses depois era um objeto disforme e confuso, com os pedaços unidos por grosseiros grampos de metal. Ele pensou que deveria existir um jeito melhor e pediu a artesãos locais que descobrissem qual era.

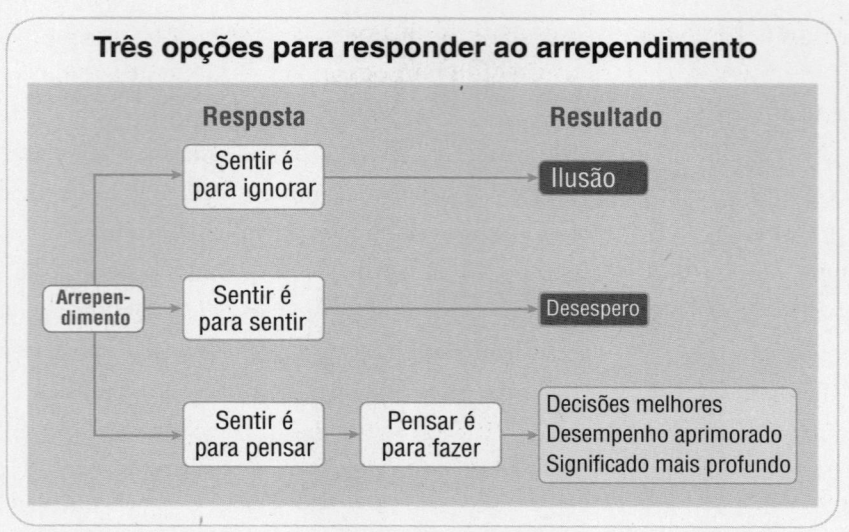

Três opções para responder ao arrependimento

Resposta		Resultado
Sentir é para ignorar	→	Ilusão
Sentir é para sentir	→	Desespero
Sentir é para pensar	Pensar é para fazer	Decisões melhores / Desempenho aprimorado / Significado mais profundo

Arrepen-dimento

© 2022 Daniel H.Pink

Eles optaram por reparar a cerâmica lixando as bordas dos pedaços quebrados e colando-os de volta, usando laca misturada com ouro. O objetivo do artesão não era reproduzir fielmente a obra original e ocultar as falhas que tinha adquirido. Era transformar a peça em algo melhor. Seu trabalho estabeleceu uma nova forma de arte chamada *kintsugi* — que hoje existe há centenas de anos. "No século XVII", segundo um especialista, "o *kintsugi* era um fenômeno tão na moda que algumas pessoas eram conhecidas por quebrarem suas tigelas de chá de propósito para embutir nelas remendos com veios de ouro."[31]

Kintsugi (que pode ser traduzido como "marcenaria dourada") considera as quebras e as emendas posteriores como parte da história do vaso, como elementos fundamentais de seu ser. As tigelas não são belas *apesar* das imperfeições. São belas *devido* às imperfeições. As rachaduras as fazem melhores.

O que vale para a cerâmica vale também para pessoas.

Pergunte a Mara Abbott. Se você não identifica o nome, vou refrescar sua memória. Na prova de ciclismo de estrada que descrevi no capítulo anterior, ela era a ciclista norte-americana que perdeu a liderança nos momentos finais, terminando em quarto lugar.

"Os dias que se seguiram à corrida foram uma das maiores experiências de desgosto pelas quais passei", ela me contou num Zoom numa tarde de fevereiro, em Buffalo, Wyoming, onde agora trabalha como repórter de um jornal. A palavra que ela escolheu para captar essa experiência foi "despedaçada".

Mas ela juntou as peças e encontrou novos insights nas fissuras. A prova no Rio de Janeiro havia sido a última corrida de uma bem-sucedida carreira no ciclismo. A experiência não deixou seus tempos melhores ou lhe valeu outro troféu. Mas, "de algum modo, ela me deu esse marco e a perspectiva que tornam outras decisões e julgamentos de valor mais fáceis para mim", ela afirmou. Mais do que tudo, ela anseia por recapturar a experiência de estar tão completamente envolvida e viva como estava naquela tarde de agosto. "A oportunidade e o sentimento que eu extraí dessa perda, e essa completude e inteireza, são o maior privilégio que eu poderia pedir." Devido a essa mágoa, ela vê o resto de sua vida com mais urgência e propósito: "Se você tem um coração magoado, quer dizer que você fez algo grande, importante e valioso o bastante, a ponto de quebrá-lo".

Como sugere Mara Abbott, é pelas rachaduras que a luz penetra. E, como veremos na próxima seção, espiar por essas rachaduras nos deixa vislumbrar uma boa vida.

Parte II

Arrependimento revelado

"Me arrepiento no haber cambiado mis hábitos alimenticios desde joven, fume y he consumido mucho alcohol. También consumía carne los tres tiempos de comida casi mi vida entera. Hace seis meses cambie a un estilo de vida vegano y me he sentido mejor que nunca antes en mi vida, solo me pongo a pensar si hubiera hecho esto desde joven."*

Sexo masculino, 46 anos, Honduras

"Passei tempo demais tentando corresponder à ideia dos outros do que é normal. Aceite a si mesmo, ame seu próximo e faça de cada dia uma lembrança especial."

Sexo não binário, 62 anos, Utah

"Meu maior arrependimento é não ter usado meu tempo criando meus filhos em casa para ensiná-los de verdade sobre o seu relacionamento com Deus e Jesus Cristo. Eu poderia ter aproveitado melhor meu tempo com eles, para ajudá-los a desenvolver e fortalecer sua fé, o que por sua vez teria dado a eles um fundamento melhor para ter sucesso na vida."

Sexo feminino, 54 anos, Minnesota

* Eu me arrependo de não ter mudado meus hábitos alimentares quando era jovem, fumei e consumi muitas bebidas alcoólicas. Também comi carne nas três refeições durante quase toda a minha vida. Há seis meses mudei para um estilo de vida vegano e tenho me sentido melhor do que nunca, e fico pensando se não deveria ter feito isso quando jovem.

5. O arrependimento à primeira vista

meu corpo NÃO é um templo, é um DEPÓSITO
para meus ARREPENDIMENTOS.
@ElyKreimendahl, Twitter, 2020

Do que as pessoas se arrependem?

Essa é uma pergunta que pesquisadores e professores têm feito desde meados do século XX. Em 1949, por exemplo, George Gallup, fundador do American Institute of Public Opinion [Instituto Americano de Opinião Pública], perguntou a cidadãos dos Estados Unidos o que eles consideravam o maior erro de suas vidas. A resposta número um foi um grande "não sei".

Quatro anos depois, Gallup voltou com o que provavelmente é a primeira enquete direta sobre arrependimento. Sua equipe perguntou em 1953: "Em termos gerais, se você pudesse viver sua vida de novo, viveria do mesmo jeito ou de um modo diferente?". A maioria dos norte-americanos, como se pode ver na manchete da imagem a seguir, disse que não mudaria nada.

Para publicação SÁBADO, 17 de outubro de 1953

Se você pudesse começar tudo de novo, viveria sua vida de um jeito diferente?

A maioria dos adultos disse que está satisfeita — mas quase quatro em cada dez fariam as coisas de um jeito diferente

Por GEORGE GALLUP
Diretor do American Institute of Public Opinion

PRINCETON, NJ, 16 OUT — Se você pudesse viver sua vida de novo, viveria do mesmo jeito ou de um modo diferente?

Seis a cada dez adultos que participaram da enquete nacional

Mais homens que mulheres

Economizar dinheiro	2
Viajar mais	1
Trabalhar com mais dedicação	1
Morar em outro lugar	1
Evitar meus grandes erros	1
Diversos	6
Não soube responder	1

Esse desconforto em admitir e enumerar adversidade faz sentido. Pense em como era a vida em 1953. A Segunda Guerra Mundial ainda estava na memória das pessoas. O Reino Unido tinha uma nova rainha de 27 anos recém-coroada e ainda vivia sob racionamento de comida. O Japão e grande parte da Europa estavam começando a sair da devastação. Foi o ano em que Josef Stálin morreu e a Guerra da Coreia terminou, além de ter sido desenvolvida a primeira vacina contra a poliomielite. Com o mundo exterior tão fragilizado, a contemplação interior poderia parecer indulgente. Ainda faltavam alguns anos até que olhar para o próprio umbigo se tornasse um passatempo nacional.

Mas a ação de olhar para o que era incômodo era um tema que pesquisadores aos poucos começavam a endossar. Na pesquisa de 1949, depois da vencedora "não sei", a resposta à pergunta sobre qual havia sido o maior erro da vida das pessoas era "não ter estudado o suficiente". Na pesquisa de 1953, entre os que tinham arrependimentos, a principal escolha, feita por 15% da amostragem, era "ter estudado mais". Isso faz sentido também. Em 1953, apenas 6% da população norte-americana tinha frequentado uma faculdade por quatro ou mais anos. Mais de metade não tinha completado o ensino médio.[1] O processo Brown x Conselho de Educação na Suprema Corte dos Estados Unidos, que declarava escolas públicas segregadas como uma violação da Constituição, havia ocorrido apenas um ano antes. Mais norte-americanos estavam começando a imaginar as possibilidades de educação no futuro, o que talvez significasse que mais gente se arrependia de não ter buscado isso no passado. Em 1965, quando Gallup realizou uma pesquisa para a revista *Look* sobre o que os norte--americanos fariam diferente se tivessem a oportunidade de reviver suas vidas, 43% escolheram "ter estudado mais", quase três vezes mais que oito anos antes.[2]

Nas décadas seguintes, os pesquisadores ficaram menos interessados no arrependimento, mas os acadêmicos pegaram o bastão. Nos anos 1980, Janet Landman e Jean Manis, da Universidade de Michigan, analisaram os arrependimentos de um grupo de universitárias e de mulheres adultas que tinham estado num centro de orientação profissional da universidade. Os arrependimentos mais citados de cada grupo eram diretamente sobre o setor de educação. Para as mulheres mais velhas, os pensamentos do tipo "se ao menos" costumavam envolver ter interrompido os estudos cedo demais.[3] Em 1989, Arlene Metha e Richard Kinnier, da Universidade do Estado do Arizona, pesquisaram os maiores arrependimentos de mulheres de três faixas etárias — na faixa dos vinte anos, entre 35 e 55 anos e com 64 anos ou mais. Em todos os grupos, o principal arrependimento era "eu deveria ter levado minha educação mais a sério e me esforçado mais".[4] Outro grupo de pesquisadores da mesma universidade questionou estudantes universitários alguns anos depois e teve resultados semelhantes. Arrependimentos "educacionais/acadêmicos" eram os mais frequentes.[5] Em 1992, Mary Kay DeGenova, uma especialista em estudos familiares, pesquisou pessoas aposentadas e descobriu que entre amigos, família, trabalho, educação, religião, lazer e saúde o arrependimento mais comum tinha a ver com educação.[6]

E assim vai. Na Universidade Cornell, Victoria Medvec e Thomas Gilovich, que realizaram o famoso estudo sobre medalhistas olímpicos, descrito no capítulo 3, em 1994 perguntaram a diversas pessoas sobre seus arrependimentos. Educação — tanto "perda de oportunidades educacionais" quanto "má escolha educacional" — terminou em primeiro lugar. (Relacionamentos pessoais — "oportunidades românticas desperdiçadas" e "aventura romântica imprudente" — vieram em seguida.)[7] No ano seguinte, Medvec e Gilovich se juntaram a Nina Hattiangadi para estudar o arrependimento em pessoas com mais de setenta anos que, na infância, tinham sido identificadas como prodígios devido ao QI alto. Mais uma vez, a educação estava no topo da lista — incluindo ter perdido tempo na universidade, ter escolhido a área errada e não ter tido escolaridade o bastante.[8]

Em 2005, Neal Roese e Amy Summerville decidiram reunir as pesquisas existentes para determinar com maior certeza quais "áreas na vida têm maior potencial para arrependimento". Seu resumo meta-analítico examinou nove estudos anteriores, inclusive os mencionados acima, e estabeleceu doze categorias de arrependimento — por exemplo, carreira ("se ao menos eu fosse um dentista"), vida amorosa ("eu gostaria de ter me casado com Jake, e não com Edward") e atuação na educação dos filhos ("se ao menos eu tivesse passado mais tempo com meus filhos"). Mais uma vez, a educação estava no topo da lista. Dos 3041 participantes na pesquisa, 32% escolheram esse item como seu principal arrependimento.

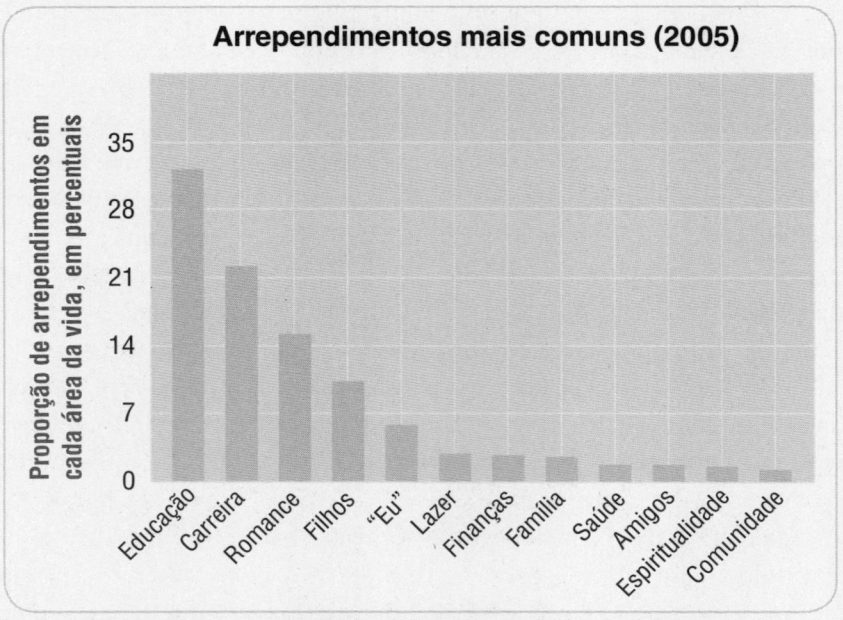

FONTE: Neal J. Roese e Amy Summerville, "What We Regret Most... and Why".

"Educação é o arrependimento número um ao menos em parte, porque numa sociedade contemporânea novas formas de educação de um tipo ou de outro estão disponíveis para quase todos os indivíduos", eles concluíram. Se você não concluir a faculdade, ainda pode retomá-la; se precisa de um treinamento ou qualificações adicionais, cursos adequados podem estar disponíveis. Se não se graduou com vinte e poucos anos, poderá fazê-lo aos quarenta ou aos cinquenta. "A oportunidade cria o arrependimento", eles escreveram, e "a educação está aberta à contínua modificação ao longo da vida."[9]

Roese e Summerville intitularam seu trabalho "Do que mais nos arrependemos... e por quê". Suas conclusões pareciam claras e diretas. Mas essa análise não resolveu a questão. Eles e outros pesquisadores logo descobriram que sua resposta ao "do que" era falha — e que ao "por quê" revelava algo mais profundo do que tinham constatado.

DO QUE AS PESSOAS *REALMENTE* SE ARREPENDEM?

Os estudos que concluíram ser a educação nosso maior arrependimento, apesar de passar por uma revisão rigorosa, estavam cheios de falhas. Por exemplo, a maioria das respostas teve lugar em campi de faculdades, onde preocupações em relação à graduação, especialização e currículo permeiam as conversas. Se as pesquisas tivessem sido conduzidas, digamos, em hospitais, farmácias ou consultórios médicos, talvez os arrependimentos em relação à saúde tivessem predominado.

Mais importante, como observam Roese e Summerville, a pesquisa anterior se baseou em "amostras de conveniência", e não em fatias representativas da população total. Em um estudo, pesquisadores pediram a estudantes de pós-graduação que apresentassem questionários a pessoas conhecidas, o que não seria exatamente o padrão ideal para uma amostragem aleatória. O estudo com aposentados investigou 122 adultos mais velhos que moravam perto da Universidade Purdue — mesmo sendo improvável que o que acontece no oeste de Indiana aconteça no resto do mundo. Em outro estudo, os entrevistados eram uma combinação de dez professores eméritos, onze residentes em lares de idosos, quarenta universitários não graduados e dezesseis funcionários administrativos e de manutenção. Roese e Summerville observaram que 73% da amostragem total em sua meta-análise eram mulheres, dificilmente cumprindo a proporção de gênero que as melhores práticas estatísticas exigem. Um número avassalador de pessoas entrevistadas era branco. Até mesmo as pesquisas de Gallup, que eram mais representativas da população dos Estados Unidos, muitas vezes produziram resultados menos que definitivos. Na pesquisa de 1953, 15% das pessoas escolheram educação como seu maior arrependimento. Mas uma proporção ainda maior — cerca de 40% — deu mais de uma resposta à pergunta.

Roese e Summerville concluíram, chegando ao fim de seu trabalho, que era necessária uma investigação que representasse a diversidade e a complexidade de todo o país. E em 2011, Roese e seu colega Mike Morrison assumiram o desafio. Foram além do campus da faculdade, realizando uma pesquisa telefônica com 370 pessoas de todo o país. A seleção randômica de números de telefone assegurou que a amostragem não tendesse a nenhuma região ou grupo demográfico. Eles pediram a seus participantes que relatassem em detalhe um arrependimento significativo, que uma equipe independente de classificadores atribuiu a um entre doze áreas de vida. Foi o "primeiro retrato verdadeiramente representativo de em qual setor da vida o norte-americano típico tem seus maiores arrependimentos", escreveram Roese e Morrison.

O quadro que ofereceram — intitulado "Arrependimentos do norte-americano típico: Descobertas de uma amostragem nacionalmente representativa" — tinha um aspecto muito diferente do que havia sido feito antes. Os arrependimentos estavam amplamente distribuídos por vários setores, sem que uma única categoria capturasse mais de 20% das respostas. Arrependimentos envolvendo romance — amores perdidos e relacionamentos insatisfatórios — foram os mais comuns, compreendendo cerca de 19% do total. O item família seguiu de perto, com 17%, enquanto educação e carreira tiveram cada um 14%.[10]

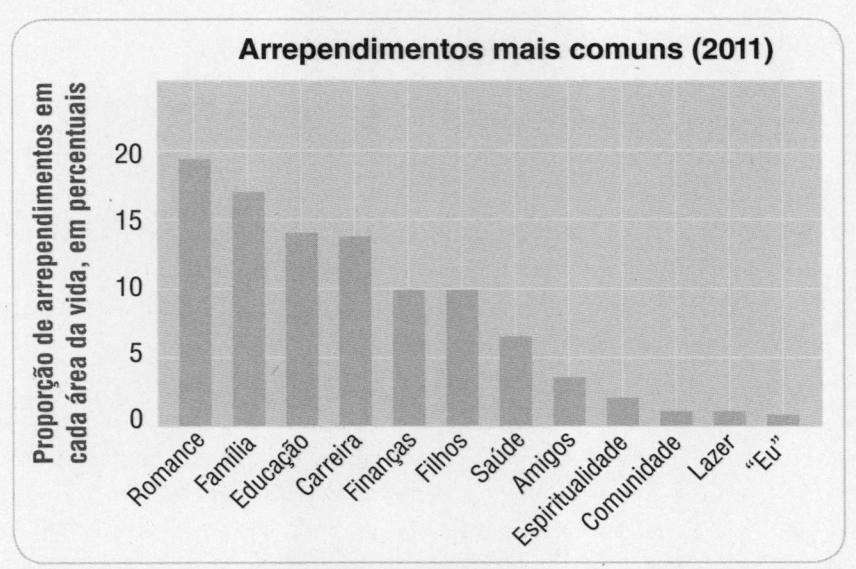

Arrependimentos mais comuns (2011)

FONTE: Mike Morrison e Neal J Roese, "Regrets of the Typical American: Findings from a Nationally Representative Sample". *Social Psychological and Personally Science*, v. 2, n. 6, 2011, pp. 576-83.

Essa amostra mais diversificada também permitiu aos pesquisadores extrair outros insights. Por exemplo, mulheres tendiam mais do que homens a ter arrependimentos ligados a romance e família. Era mais provável que pessoas com menos educação formal tivessem arrependimentos ligados a isso, enquanto pessoas solteiras não comprometidas manifestavam mais arrependimentos ligados a romance.

Os motivos também desviavam de descobertas anteriores. Mais uma vez, os pesquisadores concluíram que o arrependimento girava em torno de oportunidade. No entanto, enquanto o estudo anterior sugeria que o arrependimento espreitava em áreas nas quais as pessoas percebiam *muitas* oportunidades, esse último descobriu o contrário. Setores em que oportunidades tinham desaparecido — por exemplo, considerar-se velho demais para estudar mais — foram os que mais produziram o sentimento. Esses arrependimentos de baixa oportunidade (nos quais um problema poderia não ser resolvido) ultrapassaram em número os de alta oportunidade (nos quais um problema poderia ser resolvido) por uma boa margem.

Assim, mais de meio século depois de estudiosos e pesquisadores terem começado a investigar os arrependimentos dos indivíduos, eles tiveram algumas respostas para suas duas perguntas essenciais.

Do que as pessoas se arrependem?
De muitas coisas.
Por que elas têm esses arrependimentos?
Algo a ver com oportunidade.
O resultado continuou a ser intrigante, mas insatisfatório.

O.K., MAIS UMA VEZ

O mundo da pesquisa investigativa mudou consideravelmente desde 1953. Para aquela primeira pesquisa sobre arrependimento, Gallup e sua equipe entrevistaram cerca de 1500 pessoas — com frequência de forma presencial — e tabularam as respostas sem a assistência de pelo menos um computador mainframe. Hoje, meu smartphone de três anos atrás comporta mais poder do que o potencial de computação de todas as universidades do mundo na década de 1950. E o laptop no qual estou escrevendo esta frase me conecta com bilhões de pessoas ao redor do mundo e abriga em seu disco rígido um software livre, de código aberto, capaz de analisar enormes quantidades de dados com tal velocidade e facilidade que deixaria perplexos estatísticos de meados do século XX.

Não sou George Gallup. Mas as ferramentas de hoje são tão poderosas, e o custos estão caindo tão rapidamente, que mesmo um amador como eu é capaz de continuar seu caminho. Assim, incomodado pela percepção de que ainda não compreendemos totalmente do que as pessoas se arrependem, tentei descobrir eu mesmo. Trabalhando com uma grande companhia de software e dados analíticos, que tinha contratos com empresas que reúnem grupo de participantes, criamos a maior e mais representativa investigação norte-americana sobre arrependimento já feita, o American Regret Project. Pesquisamos 4489 adultos — cujos gênero, idade, raça, estado civil, geografia, renda e nível de educação refletiam a composição de toda a população dos Estados Unidos.

A pesquisa, cuja versão completa você pode encontrar on-line (www.danpink.com/surveyresults), fez sete perguntas de cunho geográfico aos participantes e dezoito de pesquisa — inclusive a mais importante:

Arrependimentos são parte da vida. Todos temos algo que gostaríamos de ter feito diferente — ou alguma ação que gostaríamos de ter realizado ou não.

Olhe em retrospecto sua vida por um momento. Depois descreva em duas ou três frases um arrependimento significativo que tenha tido.

Milhares e milhares de arrependimentos foram derramados em nossa base de dados. Pedimos às pessoas que encaixassem o sentimento em uma de oito categorias: carreira, família (pais, filhos, netos), parceiros (cônjuges, outros parceiros), educação, saúde, finanças, amigos, outra coisa. E apresentamos várias perguntas, muitas das quais você poderá ler mais adiante neste livro.

Em nossa pesquisa, a família terminou no topo. Quase 22% dos que responderam expressaram arrependimento nessa categoria, seguidos de perto pelos 19% cujos arrependimentos envolviam parceiros. Logo abaixo e quase empatados estavam educação, carreira e finanças. Saúde e amigos fechavam a lista.

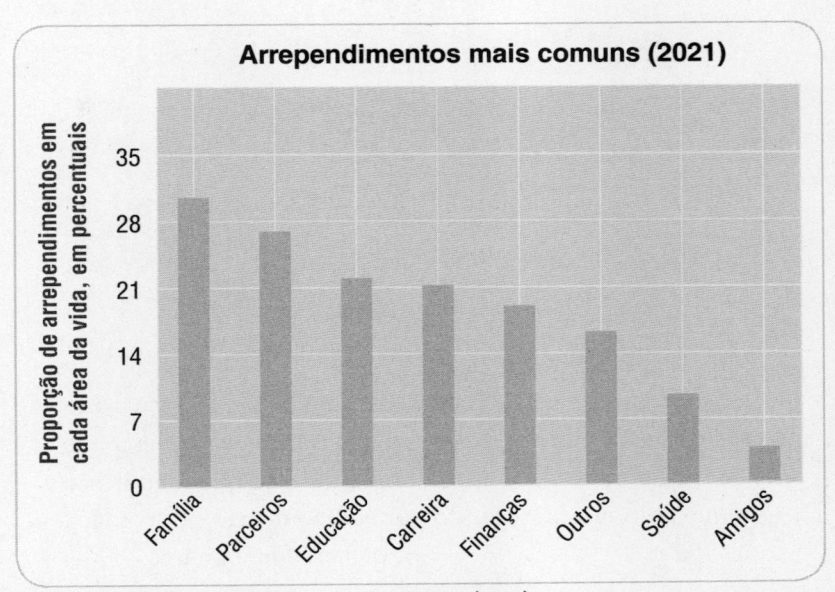

Arrependimentos mais comuns (2021)

FONTE: Daniel Pink et al. American Regret Project (2021)

Em outras palavras, a maior e mais representativa investigação sobre arrependimento já realizada chegou a uma conclusão clara: os arrependimentos norte-americanos atingem uma ampla gama de áreas, não se concentrando em nenhuma categoria de forma isolada. As pessoas realmente se arrependem de muitas coisas — relacionamentos familiares, escolhas românticas, mudanças na carreira, caminhos acadêmicos e mais.

Talvez isso não devesse nos surpreender. Afinal, o arrependimento é um sentimento universal. É parte fundamental de ser humano. A vida humana se estende em múltiplas áreas — somos progenitores, filhos, filhas, cônjuges, parceiros, empregados, patrões, estudantes, gastadores, investidores, cidadãos, amigos, entre outros. Por que o arrependimento não deveria abranger muitos setores também?

Além do mais, o arrependimento nos faz melhores. Ele aguça decisões, incrementa desempenho, aprofunda significado. Por que seus benefícios *não* deveriam alcançar todas as áreas da vida?

Porém, mesmo esse resultado continua sendo insatisfatório. Ele ofereceu um vislumbre de compreensão, mas nem chegou perto da clareza que eu estava buscando. E quando retornei aos dados e reuni mais milhares de respostas de todo o mundo, na World Regret Survey, descobri o motivo. Era lógico. Eu estava buscando a resposta no lugar errado.

"Eu não treinava e não 'dava tudo de mim' quando jogava basquete no ensino médio. Acho que era porque eu tinha medo de ser comparado e ser considerado pior do que meu irmão — o que acabou acontecendo por eu não me ter esforçado."

Sexo masculino, 24 anos, Utah

"Fingir ser menos inteligente e criativa do que eu realmente sou apenas para agradar/não constranger os outros. Isso inclui também reuniões de negócios com clientes, ouvindo depois: 'Ela é inútil nessas reuniões'."

Sexo feminino, 39 anos, Arábia Saudita

"Eu me arrependo de não ter aprendido mais e mais cedo sobre racismo."

Sexo feminino, 78 anos, Pensilvânia

6. Os quatro arrependimentos essenciais

Kevin Wang tem um arrependimento ligado à educação. Em 2013, quando estudava biologia na Universidade Johns Hopkins, planejava se tornar médico — assim como seus quatro avós. Suas notas eram altas. A única etapa que restava era a prova de admissão na Faculdade de Medicina (MCAT). Mas, como explicou Kevin quase uma década depois, ele procrastinou "tanto nos estudos que levei bomba no exame e acabei não entrando na faculdade de medicina". Ele hoje trabalha num hospital da cidade de Nova York, mas como administrador, monitorando custos, e não como médico, cuidando de pacientes.

No outro lado dos Estados Unidos, no sul da Califórnia, John Welches também tem um arrependimento relacionado à educação:

Quando eu estava próximo de completar meu bacharelado em escrita criativa, meus professores insistiram para que eu me inscrevesse para um mestrado. Disseram que minha escrita era potente, e que eu me beneficiaria daquele nível de foco. Cheguei a ganhar dois prêmios de ficção oferecidos pelo programa.

O problema: eu ia me casar um mês antes da graduação. O que faz um recém-casado depois da faculdade? Arruma um emprego.

Assim, em vez de prestar atenção a seus interesses autênticos e aos conselhos de seus mentores, ele pulou o programa de mestrado, "acabei trabalhando num banco" e terminou num emprego tedioso como copywriter.

Dois homens norte-americanos carregam o mesmo arrependimento — não terem feito alguma graduação para uma carreira que eles não têm. Mas quão semelhantes, de fato, eles são?

Kevin se arrepende de não ter levado a sério seu futuro. John se arrepende de não ter assumido um risco. Kevin se arrepende de não ter correspondido às expectativas de outras pessoas. John se arrepende de não ter estabelecido as expectativas certas para si mesmo. Kevin se arrepende de ter falhado por não ter sido responsável. John se arrepende de ter falhado ao não ousar. Na aparência, seus arrependimentos ocupam terrenos semelhantes. Num nível mais profundo, suas origens divergem.

Às vezes, quando eu estava analisando casos na World Regret Survey, me sentia menos estudando nossa emoção mais incompreendida e mais operando um gigantesco confessionário on-line.

Por exemplo, centenas de pessoas apresentaram um arrependimento relativo a um parceiro, como um que veio de um homem de 61 anos da Austrália.

Ter sido infiel a minha mulher e justificado isso de maneira egoísta, me convencendo de que ela é que era o problema, é meu maior arrependimento.

Poucas semanas depois, um canadense de 37 anos descreveu se arrepender da maneira como tratava seus colegas:

Eu me arrependo de ter feito bullying com alguns colegas de escola. Quando penso nisso, fico com vergonha e queria ter uma oportunidade de voltar e mudar isso.

Pouco tempo depois, outro homem de 37 anos, este da Califórnia, revelou:

Eu trapaceei numa eleição estudantil. Joguei fora o voto de um amigo de meu oponente, que eu sabia só ter ido à reunião para votar em seu camarada. Nem mesmo acho que precisava disso para vencer, o que faz com que o fato de eu ter comprometido minha integridade seja ainda mais triste.

São três homens com arrependimentos que cobrem um território amplo — um matrimônio australiano, uma infância canadense e uma eleição californiana. Mas quão diferentes de fato eles são?

Todos envolvem uma ruptura moral. Em algum momento de suas vidas, hoje estampado na memória, os três enfrentaram uma escolha: honrar seus princípios ou traí-los. E, nesse momento, todos escolheram errado. Na aparência, seus arrependimentos atravessam diferentes aspectos da paisagem da vida. Num nível mais profundo, têm origens comuns.

SEMELHANÇA E DIFERENÇA

Se você já viajou para um lugar onde as pessoas falam uma língua diferente da sua, pode ter sentido uma ponta de inveja quando encontra alguém de quatro anos. Eu sei, porque isso aconteceu comigo.

Tentei começar a estudar espanhol já adulto. Não era *bonita*. Eu destroçava verbos irregulares. Confundia gêneros e empregava mal os adjetivos. E o subjuntivo? *¡Dios mío!* Mas sempre que eu via alunos de pré-escola numa comunidade de língua espanhola nos Estados Unidos ou no exterior, eles pareciam falar sem dificuldade.

O trabalho de Noam Chomsky me ajudou a compreender por quê. Até o final da década de 1950, a maioria dos cientistas acreditava que crianças eram, linguisticamente, lousas brancas que aprendiam o idioma apenas repetindo os adultos. Quando a imitação das crianças estava certa, elas eram elogiadas. Quando não, eram corrigidas. E com o tempo, esse processo iria gravar em seus pequenos cérebros o circuito de qual língua seus pais falassem. A ampla variedade de idiomas falados pelo mundo é testemunho disso. Sim, algumas línguas — dinamarquês e alemão, por exemplo — compartilham uma história. Mas à própria língua, como tal, faltava um fundamento comum.

Começando com um livro de 1957 chamado *Estruturas sintáticas*, Chomsky virou essas crenças de cabeça para baixo. Ele afirmou que toda língua era construída no topo de uma "estrutura profunda" — uma estrutura universal de regras alojada no cérebro humano.[1] Quando crianças aprendem a falar, não estão simplesmente papagueando sons. Estão ativando uma fiação gramatical que já existe. A linguagem não é uma aptidão adquirida, disse Chomsky. É uma capacidade inata. Uma criança aprendendo a falar vietnamita ou croata não é diferente de uma que aprende a andar em Hanói ou em Zagreb. Só estão fazendo o que humanos fazem. Sim, línguas individuais diferem uma da outra — mas só em suas "estruturas superficiais". Hindi, polonês e suaíli são variantes individuais de um único modelo. Sustentando todas está a mesma estrutura profunda.

A ideia de Chomsky revolucionou o estudo da linguística e expandiu nossa compreensão do cérebro e da mente. Ele adquiriu alguns detratores durante sua carreira, inclusive que rejeitavam sua visão política de esquerda. Mas sua contribuição à ciência é tão inegável quanto duradoura. E uma consequência de seu trabalho foi a constatação de que nas línguas do mundo a similaridade muitas vezes oculta a diferença, e a diferença muitas vezes oculta a similaridade.

Para citar um dos exemplos mais famosos de Chomsky,[2] estas duas sentenças em inglês parecem ser quase idênticas:

John is eager to please.
John is easy to please.
[John está ansioso por agradar]
[John é fácil de agradar]

Ambas contêm cinco palavras — um substantivo, seguido de um verbo, seguido de um adjetivo e de um verbo no infinitivo. Quatro palavras são iguais; a outra só varia por umas poucas letras. Porém, uma camada abaixo, as sentenças são muito diferentes. Na primeira, John é o sujeito. Na segunda, John é o objeto. Se reformulássemos a segunda sentença como "*It is easy to please John*" [É fácil agradar John], o significado se manteria o mesmo. Mas, se reformulássemos a primeira sentença como "*It is eager to please John*" [É ansioso agradar John], o significado desaba. Suas estruturas superficiais são as mesmas, mas isso não nos diz muita coisa, porque suas estruturas profundas divergem.

Enquanto isso, estas duas sentenças parecem ser diferentes:

Há-yoon went to the store
[Ha-yoon foi para a loja]
하윤이는 그 가게에 갔다

Mas uma camada abaixo elas são idênticas — uma locução substantiva (*Haa-yoon*, 하윤이는), uma locução verbal (*went*, 갔다) e uma locução adverbial (*to the store*, 그 가게에). Suas estruturas superficiais diferem, mas as profundas são as mesmas.

Chomsky demonstrou que o fato de parecer complicado e desordenado não era toda a história; por baixo da cacofonia da torre de Babel havia uma melodia humana comum.

Precisei de um tempo para imaginar isso, mas descobri que o arrependimento, também, tem uma estrutura superficial e uma estrutura profunda. O que é visível e fácil de descrever — as áreas da vida, como família, educação e trabalho — é muito menos significativo do que uma arquitetura oculta da motivação e da aspiração humanas que estão por trás disso.

A ESTRUTURA PROFUNDA DO ARREPENDIMENTO

Ler e reler milhares de arrependimentos é assustador; categorizá-los e recategorizá-los é ainda pior. Mas, ao repassar os casos, comecei a identificar certas palavras e expressões que continuavam a aparecer sem nenhuma correlação perceptível com a idade do/da correspondente, sua localização, seu gênero ou o tópico que estava descrevendo.

"Cuidadoso"... "Mais estável"... "Maus hábitos"
"Arriscar"... "Me afirmar"... "Explorar"
"Errado"... "Equivocado"... "Sabia que não deveria"
"Perdi"... "Mais tempo"... "Amor"

Palavras e locuções como essas oferecem dicas para a estrutura profunda. E à medida que se amontoavam, como milhares de pontos de cor numa pintura pontilhista, começavam a tomar forma. Estas se estendem pelas nossas vidas e se infiltram em cada aspecto de como pensamos, sentimos e vivemos. Elas se dividem em quatro categorias de arrependimento humano.

Arrependimentos de base. A primeira categoria de estrutura profunda atravessa quase todas as superficiais. Grande parte de nossos arrependimentos em relação a educação, finanças e saúde é na verdade expressão exterior do mesmo arrependimento fundamental: nossa falha ao não sermos responsáveis, conscientes ou prudentes. Nossas vidas requerem algum nível básico de estabilidade. Sem alguma medida de bem-estar físico e de segurança material, fica difícil imaginar outros objetivos e mais áinda buscá-los. Mas às vezes nossas escolhas individuais solapam essa necessidade de longo prazo. Nós negligenciamos a escola e a deixamos antes do que deveríamos. Quando, depois, essas decisões fazem a base de nossas vidas oscilar e nosso futuro não corresponder a nossas expectativas, temos arrependimento.

Arrependimentos por ousadia. É necessária uma base estável para nossas vidas, mas não é suficiente. Uma das descobertas mais sólidas, tanto em pesquisas acadêmicas quanto na minha, é que com o tempo é muito mais provável que nos arrependamos das chances que *não* aproveitamos do que das que aproveitamos. De novo, a área superficial — seja nossa educação, nosso trabalho ou nossas vidas amorosas — não importa muito. O que nos assombra é a inação em si mesma. Oportunidades que deixamos passar como mudar de cidade, começar um negócio, ir atrás de um grande amor ou ver o mundo seguem do mesmo jeito.

Arrependimentos morais. A maioria de nós quer ser uma boa pessoa. Mas muitas vezes enfrentamos escolhas que nos tentam a tomar o caminho menos correto. Quando o percorremos, nem sempre nos sentimos mal de imediato. (A racionalização é uma arma mental tão poderosa que deveria ser analisada a fundo.) Mas, com o tempo, essas decisões morais dúbias podem nos atormentar. E, mais uma vez, o tipo de situação em que elas ocorrem — enganar um cônjuge, trapacear num teste, passar para trás um sócio nos negócios — é menos importante do que a ação em si mesma. Quando nos comportamos mal ou comprometemos nossa crença em nossa própria bondade, o arrependimento pode surgir e, depois, persistir.

Arrependimentos de conexão. Nossas ações nos dão uma direção. Mas outras pessoas dão a nossas vidas um propósito. Um grande número de arrependimentos humanos se origina em nossa falha em não reconhecer nem honrar isso. Relacionamentos falidos ou não realizados com cônjuges, parceiros, filhos, irmãos, amigos, colegas de classe e de trabalho constituem a maior categoria de estrutura profunda do arrependimento. Quando esses relacionamentos se esgarçam, terminam ou nunca se desenvolvem, sentimos ter sofrido uma grande perda.

Os quatro próximos capítulos vão explorar cada uma dessas estruturas profundas. Vocês vão ouvir pessoas de todo o mundo descrevendo arrependimentos de base, de ousadia, morais e de conexão. Mas, à medida que se forma o coro de vozes, se prestarem bastante atenção, vão ouvir também outra coisa: a harmonia vívida daquilo que precisamos para levar uma vida gratificante.

"Eu me arrependo de não ter resistido ao homem que me estuprou. Agora que sou forte tanto mental quanto fisicamente, nunca mais deixarei um homem me ferir assim de novo."

Sexo feminino, 19 anos, Texas

"Em 1964, fui convidado para participar de um curso de verão, o Mississippi Freedom Summer, por um colega de classe. Em vez disso eu peguei um trabalho com o patrão de meu pai, em Oklahoma City."

Sexo masculino, 76 anos, Califórnia

"Seguir uma carreira por dinheiro em vez de por amor ou numa profissão que eu ia de fato curtir. Minha mãe me convenceu de que iria passar fome se seguisse uma carreira artística, então agora estou presa atrás de uma mesa num trabalho burocrático de gerenciamento enquanto minha vida se esvai."

Sexo feminino, 45 anos, Minnesota

7. Arrependimentos de base

Alguns dias depois de se formar no ensino médio, em 1996, Jason Drent foi parar num emprego de tempo integral como vendedor associado na Best Buy, o maior varejista de produtos eletrônicos dos Estados Unidos. A ética de trabalho de Jason era feroz, e sua dedicação logo foi recompensada. Ele rapidamente se tornou o gerente de vendas mais jovem na história da Best Buy. Alguns anos depois, outro varejista o contratou, e Jason logo subiu nessa companhia. Gerente distrital. Gerente regional. Não demorou muito, estava ganhando um salário de seis dígitos e arcando com uma responsabilidade executiva. Começou a se mudar, de Ohio para Illinois, para Massachusetts, para Michigan, para o Tennessee. Hoje, aos 43 anos, ele é o chefe de recursos humanos na sede corporativa de uma grande cadeia de lojas de roupas.

Em todos os aspectos, Jason Drent é uma história de sucesso — um jovem que teve uma infância difícil, inclusive vivendo por um período num abrigo, mas cujos cérebro, ambição e força de caráter fomentaram sua ascensão nas corporações norte-americanas. Mas sua história, que ele contou na World Regret Survey, vem com uma nota de rodapé importante:

> Eu me arrependo de não ter economizado dinheiro com cuidado desde que comecei a trabalhar. Quase me destrói pensar todo dia sobre o quanto eu trabalhei duro durante os últimos 25 anos ou algo assim, mas não ter nada para demonstrar isso financeiramente.

Jason tem um currículo admirável, mas quase nenhum centavo no banco — um registro positivo de realizações, mas um valor líquido negativo.

Com seu primeiro salário na Best Buy, ele disse a si mesmo: "Vou comprar o que quiser assim que puder". Não era especialmente extravagante. "Eram várias coisas do dia a dia, não essenciais", ele me disse. Um carro decente. Algumas roupas. O orgulho do "grande homem no campus", como ele descreveu, sempre assumindo a conta em jantares com amigos em restaurantes. A sensação era boa.

Mas as pequenas escolhas cotidianas que uma vez o seduziram agora o assombram. "É uma espécie de olhar triste para o passado", ele me disse. "Eu deveria ter mais recursos a esta altura."

Para um homem que estudiosos da antiguidade dizem que talvez nunca tenha existido, Esopo teve uma boa carreira como autor. As fábulas que carregam seu nome (mas que provavelmente são produto de muitos autores ao longo de muitos anos) datam de cinco séculos antes de Cristo. São bestsellers há mais de dois mil anos — presença constante em seções infantis em livrarias e entre histórias de ninar. Continuam populares mesmo na era dos podcasts e dos serviços de streaming, porque, afinal, quem entre nós não gosta de ouvir lições de vida ministradas por animais falantes?

Entre as fábulas mais conhecidas de Esopo figura *A cigarra e a formiga*. A história é enganosamente simples. Durante um longo verão, a cigarra fica à toa, tocando violino e tentando fazer sua amiga formiga se juntar a ela na dança e em outras devassidões típicas de insetos. A formiga recusa. Ela opta, em vez disso, pela árdua tarefa de guardar milho e outros grãos.

Quando chega o inverno, a cigarra se dá conta de seu erro. Ela aperta contra si o violino em busca de calor, mas logo morre de fome. Enquanto isso, a formiga e sua família comem bem e contentes com o alimento guardado durante o verão por essa criatura previdente.

Durante uma de minhas conversas com Jason, eu lhe disse que ele me lembrava a cigarra. Ele sacudiu a cabeça com tristeza. "Nunca fiz nada para me preparar", ele disse. Durante o verão de sua vida, houve "muitos momentos de soberba em que eu dizia 'e daí?' e continuava o que estava fazendo". Mas, no fim, ele disse: "Foram 25 anos tocando violino".

A primeira das quatro categorias de estrutura profunda do arrependimento é o que eu chamo de "arrependimentos de base".

Arrependimentos de base surgem de nossas falhas de previsão e cuidado. Como todos esses sentimentos de estrutura profunda, eles começam com uma escolha. Em algum momento inicial, estamos diante de uma série de decisões. Um conjunto representa o caminho da formiga. Essas escolhas requerem um sacrifício de curto prazo, mas a serviço de uma recompensa de longo prazo. As outras escolhas representam o caminho da cigarra. Esse caminho exige menos esforço ou assiduidade no curto prazo, mas têm o risco de cobrar um preço no longo prazo.

Nessa conjuntura, escolhemos o caminho da cigarra.

Gastamos muito e economizamos pouco. Bebemos e fazemos farra em vez de nos exercitarmos com regularidade e nos alimentarmos da maneira correta. Dedicamos um esforço mínimo e hesitante na escola, em casa ou no trabalho. A ramificação completa dessas escolhas incrementais não se materializa de imediato. Mas, com o tempo, elas aumentam lentamente. Logo todas as consequências se tornam intensas demais para serem negadas — e, depois, grandes demais para serem corrigidas.

Arrependimentos de base soam assim: *Se ao menos eu tivesse feito o trabalho.*

A TENTAÇÃO E A LÓGICA

Arrependimentos de base começam com uma tentação irresistível e terminam com uma lógica inexorável. Tomem esta mulher canadense, que nos saúda de Alberta, mas cujo arrependimento vem direto de Esopo:

> Eu me arrependo de não ter cuidado da minha saúde ao longo dos anos. Fiz muita coisa que a prejudicou e pouca coisa para ajudá-la. Não poupei para a aposentadoria, e agora tenho 62 anos, sem saúde e sem dinheiro.

Costumamos ler *A cigarra e a formiga* como um conto moral, mas é também uma história sobre cognição. Ao farrear durante todo o verão em vez de juntar comida para o inverno, a cigarra sucumbiu ao que os economistas chamam de "desconto temporal".[1] Ela superestimou o agora — e subestimou (isto é, descontou) o depois. Quando esse viés toma conta de nosso pensamento, muitas vezes tomamos decisões das quais podemos nos arrepender.

O instrumento explanatório preferido de Esopo era a parábola, mas podemos exprimir a questão com a mesma clareza usando um gráfico simples:

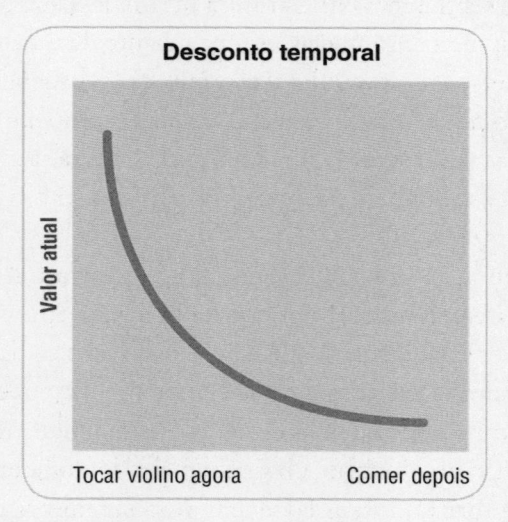

A cigarra priorizou tocar violino no presente a comer no futuro. A mulher de Alberta deu mais valor a satisfações na juventude do que à saúde e à satisfação na maturidade. Jason Drent diz que seus primeiros salários o fizeram se sentir tão "invencível" que o cegaram para o que vinha pela frente.

No American Regret Project e na World Regret Survey, participantes descreveram sua experiência de desconto temporal com a linguagem de um excesso cometido muito cedo. Um homem de 31 anos de Arkansas disse:

Eu bebia demais quanto tinha vinte e poucos anos. Fui pego dirigindo embriagado. Isso acabou com meus planos de me alistar nas Forças Armadas.

Uma mulher de 45 anos na Irlanda:

Eu não me cuidei quando era mais jovem. Bebi e fumei demais, além de dormir com muitos sujeitos.

Uma mulher de 49 anos na Virgínia:

Eu me arrependo de não ter levado mais a sério meus anos na faculdade. Em vez de pensar no futuro, passei tempo demais curtindo o presente.

Para identificar um arrependimento de base em você ou em outros, preste atenção na palavra "demais" — seja referente ao consumo de álcool, a jogar videogame, a assistir à televisão, a gastar dinheiro ou a qualquer outra atividade cuja fruição imediata exceda seu valor mais duradouro. Depois, preste atenção a "de menos" — seja para descrever os estudos na escola, economizar dinheiro, praticar um esporte, tocar um instrumento ou qualquer outro empreendimento que requeira um compromisso constante. Um estudo com atletas universitários, por exemplo, descobriu que seus maiores arrependimentos estavam em comer demais ou dormir e treinar de menos.[2]

Desconto temporal é apenas o começo, porque esta categoria de estrutura profunda envolve uma segunda questão baseada no tempo. Alguns arrependimentos provocam dor imediatamente. Se eu dirijo meu carro bem acima do limite de velocidade e bato em outro veículo, as consequências da decisão, e, portanto, meu arrependimento, são instantâneas. Um veículo destruído, as costas doloridas, um dia perdido. Mas arrependimentos de base não chegam com o som e a fúria da colisão. Eles prosseguem num ritmo diferente.

No capítulo 13 do romance de Ernest Hemingway de 1926, *O sol também se levanta*, alguns expatriados, amigos do protagonista Jake Barnes, chegam a

Pamplona, na Espanha, e se encontram para um drinque. Durante a conversa, Mike Campbell, um escocês, revela sua recente falência.

"Como foi que você faliu?", pergunta-lhe o americano Bill Gorton.

"De dois jeitos", responde Campbell. "Aos poucos e depois de repente."[3]

As pessoas descobrem seus arrependimentos de base do mesmo jeito. Muitos passos em falso individuais nas áreas da saúde, da educação ou das finanças não são, em si, devastadores de imediato. Mas a força que lentamente vai sendo construída a partir de todas essas decisões ruins pode chegar como um tornado — aos poucos e depois de repente. Mas, quando nos damos conta do que está acontecendo, não há muito o que fazer.

Mais uma vez, pessoas usaram uma linguagem semelhante para descrever arrependimentos cujas consequências elas compreenderam tarde demais. Um homem de 61 anos da Flórida, incorporando de maneira involuntária o estilo lacônico de Hemingway, escreveu:

Não economizar dinheiro desde cedo. Juros compostos.

Um australiano de 46 anos disse:

Eu deveria ter escolhido assuntos diferentes e trabalhado mais para obter benefícios compostos durante a vida.

E um homem de 33 anos do Michigan:

Eu me arrependo de não ter pegado o gosto pela leitura mais cedo. Agora vejo o valor dela e com frequência me pergunto que efeito composto teria tido se eu tivesse começado a ler dez ou quinze anos antes.

Composição. É um conceito poderoso, mas que a mente da nossa cigarra lutava para compreender.

Suponha que eu lhe ofereça uma opção — 1 milhão de dólares em dinheiro hoje ou um centavo que vai ficar dobrando de valor a cada dia durante um mês. A evidência experimental demonstra que a maioria das pessoas optaria pelo milhão de dólares.[4] E durante as primeiras três semanas e meia de nosso acordo pareceria ser uma decisão sensata. Mas, depois de mais um tempo — no trigésimo dia —, o centavo teria virado mais de 5 milhões de dólares. Podemos explicar o poder da composição com outro gráfico, que você vai notar ser basicamente uma imagem espelhada do anterior.

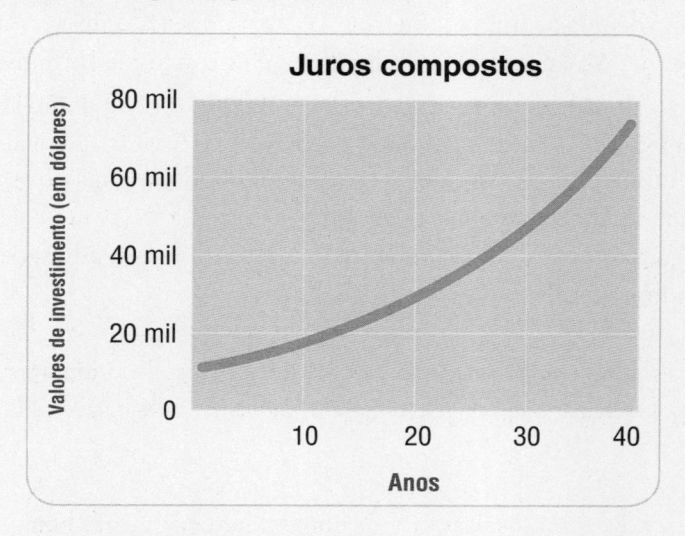

Se você investir 10 mil dólares com juros compostos de 5% ao ano, terá mais quinhentos dólares ao fim do período. Depois de dez anos, terá ganhado cerca de 6500 dólares. Após vinte anos, terá quase triplicado seu dinheiro. Mas, depois de trinta anos, sua aposta estará valendo 44600 dólares, mais do que o quádruplo do valor inicial. No curto prazo, os juros aplicados ao dinheiro que você tomou emprestado ou economizou não acrescentam muito. No médio prazo, isso se acelera. No longo prazo, explode. E o princípio vai para além das finanças — pequenas escolhas em relação a alimentação, exercícios, estudos, leitura e trabalho podem produzir benefícios ou danos explosivos com o tempo.

Nosso cérebro, portanto, aplica em nós um truque duplo. Ele nos seduz a valorizar demais o agora e de menos o depois. Com isso, ele nos impede de compreender os efeitos não lineares, compostos, da nossa escolha. Sobreponha os dois gráficos e verá que eles formam uma armadilha da qual pode ser difícil escapar.

Arrependimentos de base não são apenas difíceis de evitar. Também são difíceis de desfazer. Esse é, em especial, o caso de arrependimentos financeiros, como o de Jason, que as pessoas descrevem de forma vívida. Uma mulher de 35 anos da Califórnia disse que a dívida que acumulou por escolhas míopes ligadas a dinheiro "se enroscam em meus pés". Para um indiano de 46 anos, a falta de uma base financeira o impede de "ter espaço para viver a vida". "Quando penso no que desperdicei o dinheiro que poderia ter economizado eu fico enjoada", disse uma mulher de 47 anos do estado de Washington. E uma mulher de 46 anos de Massachusetts que diz não ter aprendido "como cuidar do dinheiro melhor e mais cedo" concluiu que "a maioria de meus outros arrependimentos parece me levar de volta para esse".

Arrependimentos de base se distribuem de modo regular por geografia e gênero. Mas são um pouco mais prevalentes entre participantes mais velhos, porque leva tempo para desenvolver e reconhecer as rachaduras em nossas bases. Um homem do Tennessee disse:

> Eu deveria ter estudado mais na faculdade. Se tivesse tirado notas melhores, poderia ter arranjado um emprego melhor, ganhando mais e mais cedo em minha carreira.

Aos dezenove anos, as bases desse homem pareciam estar bem. Aos 29, já rangiam. Aos 39, oscilavam. Agora, aos 49, parecem se desintegrar. Suas bases são instáveis por causa de um conjunto de decisões aparentemente pequenas que ele tomou três longas décadas atrás. Mas, mesmo pessoas mais jovens, que ainda não testemunharam os resultados de seus erros compostos, fazem parte dessa categoria. Uma mulher de 25 anos da Malásia disse: "Gostaria de ter estudado mais". Outra, também de 25 anos, que vive na Índia, disse: "Gostaria de ter me dedicado mais na faculdade e usado meu tempo de maneira mais sensata".

Muitos participantes lamentaram não apenas as ramificações práticas de não ter atentado para suas bases, mas também um sentido mais melancólico de oportunidade perdida. Uma mulher de 49 anos, mais de duas décadas após abandonar a faculdade, escreveu:

> Gostaria de ter aproveitado mais o privilégio de poder frequentar uma universidade e de ter estudado mais para ter uma formação melhor.

O modelo é parecido nas decisões relacionadas à saúde — inclusive maus hábitos alimentares e sedentarismo —, que também reúnem força e põem em perigo as bases das pessoas. Na World Regret Survey, arrependimentos em relação a tabagismo, em particular quando o vício começa na juventude, vêm de pessoas dos cinco continentes — inclusive este homem de 39 anos da Colômbia:

Eu me arrependo de ter fumado tanto na minha vida, mesmo sabendo claramente o quão prejudicial isso era para a minha saúde e para quem estava à minha volta. Continuei fumando um maço por dia, às vezes mais. Fugia das minhas frustrações e da minha ansiedade fumando.

No campo da saúde mental, arrependimentos de base muitas vezes envolvem não conseguir reconhecer o problema e buscar uma solução. Como coloca um homem de 43 anos do Oregon:

Eu me arrependo de não ter levado a sério minha saúde mental quando tinha vinte anos, perdendo, por isso, totalmente meu senso de valor próprio.

Muitas pessoas que tomaram medidas para reconstruir uma base psicológica abalada se arrependem de não ter começado o processo mais cedo. Por exemplo, uma mulher de 44 anos do Arizona disse:

Eu me arrependo de não ter encontrado um bom terapeuta dez ou quinze anos atrás.

E uma pessoa de 57 anos, não binária, no Oregon se arrepende:

De não ter tomado antidepressivos em 2002, quando foram prescritos pela primeira vez, esperando até 2010. Foram uma dádiva de Deus, e me arrependo porque esses oito anos poderiam ter sido muito diferentes se eu tivesse começado antes.

Embutida em cada um desses sentimentos existe uma solução. Assim como arrependimentos de base podem ser definidos por uma fábula muito conhecida, a resposta está contida num velho provérbio chinês:
O melhor momento para plantar uma árvore é vinte anos atrás.
O segundo melhor momento é hoje.

ERRO NA ATRIBUIÇÃO DE FUNDAMENTO

Arrependimentos de base são mais complicados do que os outros três de estrutura profunda que vou descrever nos capítulos seguintes. Lembre-se de que o que distingue arrependimento de desapontamento é a responsabilidade pessoal. Os desapontamentos existem fora do nosso controle. A criança que acorda e descobre que a Fada do Dente não deixou uma recompensa está *desapontada*. Arrependimentos, por outro lado, são por nossa culpa. Os pais que acordam e se dão conta de que se esqueceram de tirar o dente do filho e de substituí-lo por uma recompensa estão *arrependidos*. Mas quando se trata de questões como saúde física, realização acadêmica e segurança financeira, a fronteira entre responsabilidade pessoal e circunstância externa é obscura.

Você está com excesso de peso devido a escolhas nutricionais ruins ou porque ninguém lhe ensinou, muito menos formulou, uma dieta saudável? Você tem uma previdência privada magra porque gastou demais em frivolidades, ou até mesmo por não ter uma salvaguarda financeira? Você largou a faculdade por ter uma ética profissional falha ou porque sua escola medíocre não o preparou para os rigores do ensino superior?

Um dos vieses cognitivos que mais aparecem — de certo modo é um superviés — é chamado de "erro de atribuição fundamental". Quando alguém, em especial um ocidental, tenta explicar o comportamento de outra pessoa, muitas vezes o atribui à sua personalidade e à sua disposição, e não à sua situação e ao seu contexto.[5] Assim, para usar um exemplo clássico, quando outro motorista nos corta na estrada, logo assumimos que é um idiota. Nunca consideramos que pode estar correndo para um hospital. Ou quando alguém parece estar desconfortável durante alguma apresentação, supomos que é uma pessoa inerentemente nervosa, e não alguém que não tem muita experiência em falar diante de uma multidão. Nossa explicação atribui peso demais à pessoa e de menos à situação.

Com essa categoria de arrependimento, pode estar acontecendo algo semelhante — *um erro na atribuição da base*. Atribuímos essas falhas, em nós e nos outros, a escolhas pessoais, quando muitas vezes são pelo menos em parte resultado de circunstâncias que não somos capazes de controlar.* Isso

---

* Isso ocorre em especial quando se trata de pobreza e outras privações. Em seu poderoso livro *Escassez: Uma nova forma de pensar a falta de recursos na vida das pessoas e nas organizações*,

significa que para corrigir arrependimentos de base e para evitá-los não basta apenas mudar a pessoa, mas é preciso reconfigurar a situação, o contexto e o ambiente daquele indivíduo. Temos de criar condições em todos os níveis — sociedade, comunidade e família — para melhorar as escolhas fundacionais dos indivíduos.

Isso é o que Jason Drent está tentando fazer.

LIÇÕES DE UMA CIGARRA

Em seu emprego atual, Jason supervisiona políticas e programas aplicados nos locais de trabalho para um varejista que emprega mais de mil vendedores, muitos deles jovens. Ele encara essa função com um senso de missão maior do que tinha no passado, quando era um adolescente que vendia aparelhos de DVD na Best Buy. "Eu os ajudo a atravessar um monte de coisas básicas na vida. Não sou o único que não tem uma base muito boa", ele disse.

Ele explica aos vendedores a importância de construir talentos e conexões, além de, claro, separar parte do salário para o futuro. Ele lhes conta e mostra como planejar — enquanto trata de seguir o próprio conselho.

"Sou muito transparente quanto a ter 43 anos e não ter dinheiro. Só queria que mais pessoas com essa idade tivessem sido honestas comigo [quando eu era mais jovem]", ele disse. "Estou advertindo contra a história da cigarra."

Todos os arrependimentos de estrutura profunda revelam uma necessidade e transmitem uma lição. No caso dos arrependimentos de base, desnudam a estabilidade: todos requeremos uma infraestrutura básica de bem-estar acadêmico, financeiro e físico, que reduza a incerteza psicológica e nos conceda tempo e energia mental para buscar as oportunidades e os significados.

A lição vem de 2,5 milênios atrás. Pense no futuro. Faça o trabalho. Comece agora. Ajude a si mesmo e aos outros a se tornarem a formiga.

Sendil Mullainarhan e Eldar Shafir mostram que ser destituído de tempo, dinheiro ou opções impõe uma demanda enorme a nossa banda larga mental, o que pode nos impedir de tomar decisões sensatas para o futuro.

"Quando eu tinha treze anos, larguei o saxofone porque pensava que era chato demais continuar tocando. Dez anos depois, me dou conta do quanto estava errado."

Sexo masculino, 23 anos, Califórnia.

"Quando comecei minha vida profissional, pensava que trabalhar dezoito horas por dia e seis dias por semana me ajudaria a ser bem-sucedido. Em vez disso, destruí meu casamento e quase minha saúde."

Sexo masculino, 68 anos, Virgínia

"Eu me arrependo de não ter me casado com minha mãe presente. Meu noivo servia nas Forças Armadas e precisamos nos casar rápido e em Oklahoma, que é longe de Ohio. Ela estava muito doente e morreu um mês depois. Eu poderia ter lhe dado a felicidade de me ver casada e eu, de forma egoísta, não me esforcei para fazer isso acontecer."

Sexo feminino, 51 anos, Ohio

8. Arrependimentos de ousadia

Num final de tarde de novembro em 1981, um americano de 22 anos, chamado Bruce, estava num trem que seguia para o norte da França quando uma jovem embarcou numa estação de Paris e se sentou ao seu lado. O francês de Bruce era limitado. Mas o inglês da mulher era decente, então eles começaram a conversar.

Bruce tinha passado o ano todo na Europa. Tinha morado com uma família na Suécia, fazendo bicos, e viajado de carona pelo continente. Agora estava indo para Estocolmo, onde pegaria um voo de volta para os Estados Unidos. Estava com pressa. Seu passe do Eurail expiraria no dia seguinte.

A mulher, uma morena talvez um ou dois anos mais nova que ele, era da Bélgica. Tinha trabalhado em Paris como *au pair* e estava viajando de volta para sua cidadezinha natal para umas férias curtas.

A conversa fluía bem. Logo os dois estavam rindo. Depois jogaram forca e fizeram palavras cruzadas. Não demorou muito, estavam de mãos dadas.

"Foi realmente como se nos conhecêssemos a vida inteira", disse-me Bruce recentemente. "E nunca mais senti a mesma coisa."

O trem avançava resfolegando. As horas passavam rapidamente. Pouco antes da meia-noite, quando o trem se aproximava de uma estação belga, a mulher se levantou e disse: "Tenho que ir".

"E se eu for com você?", perguntou Bruce.

"Oh, meu Deus", ela respondeu. "Meu pai me mataria!"

Foram até a porta do vagão e se beijaram. Bruce rabiscou de maneira frenética seu nome e o endereço de seus pais no Texas num pedaço de papel e o entregou a ela. As portas se abriram. Ela desceu. As portas se fecharam.

"E eu fiquei lá atordoado", disse Bruce, que hoje está na casa dos sessenta anos e me pediu que não citasse seu sobrenome.

Quando voltou para seu assento, seus companheiros de viagem perguntaram por que ele não tinha desembarcado com sua namorada.

"Nós acabamos de nos conhecer!", Bruce lhes disse. Ele nem sabia o nome dela. Não tinham se apresentado, explicou Bruce, porque "era quase como se já nos conhecêssemos".

No dia seguinte, após chegar a Estocolmo, Bruce embarcou de volta para os Estados Unidos.

Quarenta anos depois, quando completou a World Regret Survey, contou essa história e concluiu: "Eu nunca mais a vi e sempre desejei ter descido daquele trem".

Se arrependimentos de base surgem da falta de planejamento para o futuro, de não se ter trabalhado duro ou concluído algo que se comprometeu a fazer, construindo uma base estável para a vida, arrependimentos de ousadia são sua contrapartida. Surgem de não ter tirado toda a vantagem daquela base — usando-a como um trampolim para uma vida mais completa. Às vezes, arrependimentos de ousadia emergem de um acúmulo de decisões e indecisões; outras irrompem de um único momento. Mas qualquer que seja sua origem, a questão que eles nos apresentam é sempre a mesma: agir de forma segura ou arriscar?

Nos arrependimentos de ousadia, optamos por agir de forma segura. No início, isso pode nos aliviar. A mudança que estamos contemplando pode parecer grande demais, disruptiva demais, desafiadora demais — difícil demais. Mas, mais tarde, a escolha nos aflige com um contrafactual no qual fomos mais ousados e, como consequência, mais realizados.

Arrependimentos de ousadia soam assim: *Se ao menos eu tivesse me arriscado.*

FALAR COM CLAREZA E DE FORMA FRANCA

Arrependimentos de ousadia muitas vezes começam com uma voz não ouvida. Zach Hasselbarth, de 32 anos e gerente de empréstimos ao consumidor em Connecticut, contribuiu com isto na World Regret Survey:

Deixei o medo do que outros poderiam dizer me impedir de ser mais extrovertido no ensino médio. Eu me arrependo de não ter me arriscado mais e de ser tão tímido.

"Naquela época", ele me disse numa entrevista, "eu pensava que seria o fim do mundo se eu fosse rejeitado, se dissessem não." Assim, ele abaixava a cabeça, nunca falava muito e raramente se fazia presente. Mais tarde, graças a um colega de quarto corajoso, Zach desaprendeu algo daquele comportamento. Mas ainda se recrimina pelas oportunidades que perdeu e pelas contribuições que não fez.

Várias pessoas que participaram da pesquisa usaram uma linguagem quase idêntica à deste homem de 35 anos da Colúmbia Britânica, cujo arrependimento era "não ter aprendido a falar por mim mesmo… no amor, na escola, em minha família ou em minha vida profissional". Alguns descreveram isso como "ter medo da minha própria voz". Um número enorme de pessoas de todas as idades e nacionalidades se arrependeu de ser "introvertido demais".

Introversão e extroversão são temas complexos, em parte porque o senso comum e a ciência costumam divergir. A visão convencional, reforçada pela ubiquidade de testes como o Indicador de Tipos de Personalidade Myers-Briggs, afirma que somos ou introvertidos, ou extrovertidos. Mas psicólogos da personalidade — cientistas que começaram a estudar o tema cem anos atrás — há muito concluíram que a maioria das pessoas é um pouco das duas coisas. Introversão e extroversão não são tipos de personalidade binários. Esse traço é mais bem compreendido como um espectro — no qual dois terços da população ficam no meio.[1] Porém, quase ninguém, seja em pesquisas quantitativas ou qualitativas de arrependimento, descreveu excessos e extroversão, enquanto muitos lamentaram tender para o outro lado da balança.

Por exemplo, um californiano se arrependeu de ter usado sua "tendência à introversão como uma desculpa" para "não ter se colocado" na sala de aula, no escritório e até mesmo "em competições esportivas".

Uma mulher de 48 anos na Virgínia disse:

Eu me arrependo de ter permitido que minha timidez [e] introversão [...] me impedissem de mudar para uma cidade maior, onde oportunidades de emprego, de lazer e românticas são melhores do que onde estou morando agora.

Um homem de 53 anos do Reino Unido disse:

Eu me arrependo de ter sido tímido e polido demais na adolescência e no começo da vida adulta, sempre tomando um caminho seguro para não ofender as pessoas. Eu poderia ter assumido mais riscos, sido mais assertivo e ter tido mais experiências de vida.

Como um ambivertido de carteirinha que prefere a companhia de gente tranquila, eu aplaudia do canto quando outros menosprezavam o "ideal da extroversão" na cultura ocidental. Mas evidências demonstram que pequenos esforços para ir um pouco naquela direção podem ajudar. Por exemplo, Seth Margolis e Sonja Lyubomirsky, da Universidade da Califórnia, em Riverside, descobriram que só de pedir às pessoas que ajam como extrovertidas durante uma semana aumenta de maneira agradável seu bem-estar.[2]

Da mesma forma, muitos que superaram suas apreensões e extravasaram nem que fosse um pouco de temeridade relataram ter se transformado — inclusive esta mulher de 56 anos da Carolina do Norte:

Não aprendi a encontrar minha própria voz até ter tido filhos e ser a voz deles. Antes disso, em especial na escola, não falava nada em salas em que havia valentões. Então, eu não sabia como me fazer ouvir. Não devia ter sido tão quieta.

FALAR DE FORMA FRANCA E DESCER DO TREM

Alguns meses após seu encontro no trem da Eurail, Bruce estava morando em College Statin, Texas, quando sua mãe lhe entregou uma carta que trazia um selo francês e um carimbo do correio de Paris, que tinha sido entregue na casa dela. Dentro havia um pedaço de papel preenchido por uma escrita sinuosa.

O inglês da carta era imperfeito, e talvez por isso o que expressava era um pouco difícil de entender. Bruce agora sabia o nome da mulher — Sandra —, mas não muito mais que isso. "Talvez seja uma loucura, mas, quando penso em você, fico sorrindo", Sandra escreveu. "Tenho certeza de que você entende o que sinto por você mesmo sem me conhecer bem." As palavras soavam meigas — exceto pela estranha conclusão descuidada: "Tenha um bom dia!". Sandra não assinou seu sobrenome nem incluiu um endereço para resposta.

Na era pré-internet do início da década de 1980, aquilo interrompia a comunicação. Para Bruce, as portas tinham se aberto — e se fechado de novo.

Em vez de tentar rastreá-la, ele optou por jogar a carta fora.

"Decidi não guardá-la", ele me disse, "porque eu ficaria remoendo aquilo."

A dor de arrependimentos de ousadia é a do "e se...?". Thomas Gilovich, Victoria Medvec e outros pesquisadores encontraram várias vezes o resultado de que pessoas se arrependem mais de inações do que de ações — em especial no longo prazo. "Arrependimentos por deixar de agir [...] duram mais tempo do que por agir", escreveram Gilovich e Medvec em um de seus primeiros estudos.[3] Em minha própria pesquisa no American Regret Project, arrependimentos por inação eram quase o dobro dos por ação. E outra pesquisa também descobriu uma preponderância desse tipo de arrependimento mesmo em culturas menos individualistas, como na China, no Japão e na Rússia.[4]

Um motivo-chave para essa discrepância é que quando agimos sabemos o que aconteceu em seguida. Vemos o resultado, e isso pode reduzir a duração do arrependimento. Mas, quando não agimos — quando não descemos daquele trem metafórico —, só podemos especular como os fatos teriam se desenrolado. "Como o arrependimento por deixar de agir é mais vívido, atual e incompleto do que os por agir, nos lembramos dele com mais frequência", dizem Gilovich e Medvec.[5] Ou, como escreveu certa vez o poeta americano Ogden Nash num longo verso sobre a diferença entre arrependimentos consentido e omitido:

É o pecado da omissão, antes que você revele,
*Que põe ovos debaixo de sua pele.**[6]

---

* Tradução livre de "Is the sin of omission, the second kind of sin/ That lay eggs under your skin".

As consequências das ações são específicas, concretas e limitadas. As da inação são genéricas, abstratas e ilimitadas. Inações incubam uma especulação infindável.

Talvez por isso arrependimentos de ousadia invadem tanto a área do romance. Eu provavelmente poderia criar meu próprio app Tinder-para-arrependimentos, considerando as centenas de casos como este, de um homem de 37 anos na Irlanda:

Conheci a mulher mais incrível na faculdade e nunca tive coragem de convidá-la para sair.

Ou desta mulher de 61 anos de Oklahoma, cujo arrependimento era:

Não ligar para alguém por quem estive apaixonada aos 45 anos.

Ou este, de um homem de 65 anos da Califórnia, que se arrependia:

De não tê-la convidado para sair. Seria algo que mudaria minha vida.

Arrependimentos de ousadia duram porque as possibilidades contrafactuais são muito amplas. E se Bruce tivesse descido com Sandra daquele trem naquela noite de novembro? Talvez tivessem tido apenas um breve romance em dezembro. Ou talvez tivesse passado a vida adulta na Europa, e não no noroeste dos Estados Unidos, que é onde ele foi parar. Talvez pudesse até mesmo ter tido filhos belgo-americanos cansados de ouvir a história de como seus pais se conheceram por acaso.

No cerne de todos os arrependimentos de ousadia está a possibilidade de crescimento frustrada. O fracasso de não se ter tornado a pessoa — mais feliz, mais valente, mais evoluída — que poderia ter sido; de não ter alcançado alguns objetivos importantes na abrangência limitada de uma vida.

O mundo do trabalho, que a maioria ocupa por mais da metade das horas em que está desperta, foi um solo especialmente fértil para esses tipos de arrependimentos. Uma mulher de 33 anos da África do Sul fala por muitos quando diz:

Eu me arrependo de não ter tido a coragem de ter sido mais ousada mais cedo em minha carreira e de ter ligado demais para o que os outros pensavam de mim.

Zach Hasselbarth, uma das pessoas que se arrependeu de ter sido tímido desde cedo, lembra sua infância em Albany, capital do estado de Nova York. "Em Albany, você tem um emprego. Você vai trabalhar para o estado de Nova York. Em vinte anos, você se aposenta. Tem uma pensão, e depois morre", ele me disse. Era sempre fácil se aposentar de maneira confortável, e mais difícil circular na incerteza. O próprio pai de Zach não arriscava muito. Mas ele dizia a seu filho para ouvir o que dizia, não fazer o que havia feito. E o que o pai de Zach dizia era: "Não fuja do risco".

Muitos que fogem do risco em suas carreiras olham para suas escolhas a partir da meia-idade e desejam não as ter feito. Um homem de 56 anos da Pensilvânia se arrepende de "ter permanecido na empresa em que estou hoje quando sabia, mais de catorze anos atrás, que ela nunca seria satisfatória". Assim como um homem de 53 anos da Grã-Bretanha que se arrepende de "não ter deixado meu emprego seguro para seguir meu instinto e ser fiel a meus valores mais importantes mais cedo". Uma mulher de 54 anos no Oregon se arrepende de "não ter sido mais ousada aos trinta e muitos anos e arranjado um emprego num novo lugar". Depois ela expressa seu arrependimento numa única palavra: "acomodação".

Um arrependimento de ousadia especialmente comum era o de não ter começado um negócio próprio. Após anos trabalhando para uma grande companhia farmacêutica, Nicole Serena criou um negócio, uma empresa de consultoria e treinamento, perto de Toronto. Seu arrependimento: não ter feito isso mais cedo.

"Eu deveria ter agido com mais ousadia no início de minha carreira", disse um empreendedor da Califórnia. "Cheguei lá mais tarde, mas desperdicei tempo ouvindo autoridades."

Algumas pessoas que abriram negócios que acabaram fechando expressaram arrependimento de ter tido ousadia demais. Elas falharam, disseram, porque não eram escoladas ou talentosas o bastante, ou porque não avaliaram as exigências do empreendedorismo. Mas elas representavam uma clara minoria em comparação com as que se arrependiam de nunca terem dado esse salto. Muitas até tinham esperança de ter uma segunda tentativa. Por exemplo, em

1997, nos primeiros momentos da internet, Doug Launders criou uma empresa de treinamento para a web no centro da Flórida. A iniciativa "sobreviveu por alguns anos e depois faliu", ele disse.

> Caí do cavalo e decidi que montar não era para mim. Passei os vinte anos seguintes empurrando o arado atrás dos cavalos dos outros. Eu me arrependo de não ter voltado a montar. Aos 57, ainda estou tentando imaginar como fazer isso.

Para algumas pessoas, um crescimento não realizado por não terem se arriscado é profissional. Mas, para muitas, é pessoal. Vários arrependimentos de ousadia refletem um desejo de crescer não por razões instrumentais, mas devido ao valor inerente do crescimento em si. Por exemplo, centenas de pessoas na pesquisa que descartaram oportunidades precoces de viajar listaram essa decisão como seu maior arrependimento. Se meu app de namoro baseado em arrependimento não der certo, eu poderia em vez disso lançar o site Expedia-para-arrependidos, que incluiria pacotes de viagem especiais para as legiões de graduados que se arrependeram de não ter estudado no exterior.

"Não são as coisas ruins ou idiotas que fiz, mas as que não fiz que me causaram o maior arrependimento na vida", disse Gemma West, de Adelaide, na Austrália.

> [Meu] maior arrependimento é não ter feito um mochilão na Europa quando tinha dezoito anos, porque eu estava com medo — um rito de passagem importante para australianos, e algo que minha melhor amiga acabou fazendo com outra pessoa.

Uma mulher de 47 anos de Utah disse:

> Eu me arrependo de não ter viajado mais quando era mais jovem — antes de ter uma hipoteca para pagar, filhos, um "emprego real" e todas as responsabilidades de um adulto. Porque, agora, não sinto que tenha a liberdade de fazer isso.

Um homem de 48 anos de Ohio disse:

> Eu me arrependo de não ter sido mais aventureiro [...] tirar um tempo para viajar, explorar e experimentar mais o que o mundo tem a oferecer. Deixei o medo da

frustração me governar e permiti que as expectativas dos outros fossem mais importantes do que as minhas. Fui sempre um "bom soldado" e trabalhei duro para satisfazer quem estava a minha volta. Tive uma vida boa — só queria ter tido mais experiências para compartilhar com outros. Um dia...

Arrependimentos de ousadia, como o descrito acima, são muitas vezes sobre exploração. E algumas das explorações mais importantes, de acordo com os participantes da pesquisa, são as interiores. Autenticidade requer ousadia. E, quando a autenticidade é frustrada, o mesmo ocorre com o crescimento. A demonstração mais convincente desse aspecto veio de várias dezenas de pessoas de todo o mundo que descreveram seu arrependimento — seu fracasso por não ter ousado — com as mesmas seis palavras: "Não ser fiel a mim mesmo".

Quem afirmou sua identidade raramente se arrependeu disso, mesmo quando iam contra a cultura dominante. Quem suprimiu sua identidade falou sobre negar a si mesmo o potencial de viver de forma plena.

Tome este californiano de 53 anos:

Eu me arrependo de não ter me assumido gay mais cedo. Isso definitivamente impactou como eu me apresentava e meu desempenho e comunicabilidade com meus colegas.

Ou esta mulher de cinquenta anos de Massachusetts:

Como mulher de uma minoria e imigrante, eu me arrependo de não ter me defendido e expressado minha opinião quando outros zombavam de mim por causa do meu sotaque, da cor da minha pele e da minha cultura.

Ou esta, de uma nova-iorquina de 36 anos:

Eu me arrependo de não ter revelado a meus pais que era lésbica mais cedo. Passei muitos anos fingindo ser hétero e nunca fui capaz de contar ao mundo que amo uma mulher.

Às vezes, o ato definitivo de ousadia envolve o risco de usar a voz de um jeito que abala outras pessoas, mas abre um novo caminho para si mesmo.

Bruce nunca jogou fora a carta de Sandra. Ele quis jogar. Até pensou que tinha jogado. Mas depois de uma de nossas conversas, começou a vasculhar caixas velhas e a descobriu no meio de uma pilha de papéis. Não a tinha visto por quarenta anos. "A letra de Sandra ressoava em minha memória", ele me disse. Ele lembrava de sua caligrafia toda enroscada "das palavras cruzadas que tínhamos jogado". Ele até escaneou a carta e me enviou uma cópia.

Mas não a mostrou a sua mulher. Bruce estava casado desde meados da década de 1980 e tinha dois filhos adultos. Mas nunca contou à esposa a história do trem ou mencionou a mulher ou a carta. Não que ele achasse que ela ia considerar isso uma traição. Foi mais por conta do que essa conversa poderia expor.

"Eu não chegaria ao ponto de dizer que me arrependo de meu casamento, mas ele também tem sido muito difícil", disse. "Há muitas razões para seguir casado. E parte disso é você dizer que vai continuar."

"Você pensa alguma vez no que teria acontecido se tivesse saído naquela parada na Bélgica?", eu lhe perguntei.

"Sim. Mas não me permito pensar nisso demais, porque isso criaria um novo arrependimento. Não quero que isso seja base de uma imensa infraestrutura de arrependimentos!", ele brincou.

Mas, depois de ler a carta de novo, ele postou uma mensagem na seção "conexões perdidas" dos classificados de Paris, com uma tênue esperança de localizar Sandra. Era um clarão solitário em meio a quarenta anos de escuridão — uma tentativa espasmódica e talvez definitiva de responder a "e se…?".

Se a encontrasse — aqueles dois jovens passageiros agora em seus sessenta anos —, Bruce não cometeria o mesmo erro. Ele aproveitaria a oportunidade para passar algum tempo com ela, não importa o que acontecesse.

Todos os arrependimentos de estrutura profunda revelam uma necessidade e transmitem uma lição. No caso dos arrependimentos de base, é crescer — expandir-se como pessoa, aproveitar a riqueza do mundo, experimentar mais do que uma vida ordinária.

A lição é simples: Fale de forma clara e franca. Convide para sair. Faça a viagem. Comece aquele negócio. Desça do trem.

"Eu me arrependo de não ter brigado com aquele garoto Ray no verão de 1991. Eu fui embora e sempre me arrependi de não ter me defendido."

Sexo masculino, 44 anos, Nebraska

"Eu me arrependo de ter feito um aborto. Eu era jovem, estava na faculdade e assustada, mas isso me persegue desde então."

Sexo feminino, 34 anos, Indiana

"Ter esperado tanto tempo para me assumir lésbica."

Sexo feminino, 32 anos, Brasil

9. Arrependimentos morais

Kaylyn Viggiano estava casada havia apenas um ano quando um homem de quem ela e o marido, Steven, haviam ficado amigos recentemente apareceu de forma inesperada em seu apartamento. Kaylyn tinha 21 anos na época. Ela e Steven tinham se conhecido no ensino médio e crescido perto um do outro nos arredores de Chicago, com grandes amigos em comum e uma família estendida. Agora estavam morando no sul da Califórnia, a duas horas da fronteira com o Arizona, onde Steven, um fuzileiro naval, estava baseado. A vida não era fácil. Kaylyn tinha deixado a escola de enfermagem quando Steven começou seu treinamento, e ela o seguiu primeiro para a Virgínia e depois para aquele pedaço árido de deserto onde não conhecia quase ninguém.

O amigo, outro fuzileiro naval, apareceu numa hora que sabia que Steven não estaria em casa. Ele disse a Kaylyn — falsamente — que Steven estava planejando deixá-la. Kaylyn — jovem, solitária e vulnerável — acreditou nele. Tomaram alguns drinques, depois mais alguns. E isso levou Kaylyn a escrever na World Regret Survey:

> Eu me arrependo de ter sido infiel a meu marido. Aquele momento de fraqueza não valeu o sofrimento que veio em seguida.

Joel Klemick estava casado havia onze anos quando, numa noite de outubro, sua mulher, Krista, recebeu uma ligação anônima. Joel, então com 35 anos, e Krista, com 32 anos, estavam morando numa cidade de tamanho médio na região central do Canadá, onde ambos tinham crescido e agora criavam seus três filhos. Após o ensino médio, Joel trabalhou como instalador de assoalhos, mas sua trajetória profissional mudou no início da vida de casados, quando eles descobriram a igreja cristã local. Joel entrou no seminário e estava cursando um mestrado sobre divindade. Além disso, trabalhava com a equipe da igreja como pastor.

A pessoa que ligou naquela noite disse a Krista — de maneira correta — que Joel tinha sido visto com outra mulher. Krista o confrontou. Ele negou. Ela pressionou. Ele negou de novo. Ela pressionou mais uma vez. Ele confessou. Krista pediu que ele saísse de casa. A igreja logo ficou sabendo da transgressão de Joel, e a diretoria o demitiu. Eis como Joel descreveu seu maior arrependimento:

Comecei um caso extraconjugal que me custou minha integridade, meu emprego e minhas amizades, e quase me custou minha família, um mestrado e minha fé.

Arrependimentos morais formam a menor das quatro categorias de arrependimento de estrutura profunda, representando apenas 10% do total. Mas, para muitos de nós, esses são os que doem mais e os que duram mais tempo. São também mais complexos que os outros arrependimentos essenciais. Quase todo mundo concorda que construir uma base sólida para a vida — se dedicar à escola ou economizar dinheiro, por exemplo — é sensato. Muitos concordam no que significa "ser ousado" — abrir um negócio, ao invés de se acomodar num emprego sem brilho; viajar pelo mundo, ao invés de ficar estirado no sofá. Mas você, eu e nossos cerca de 8 bilhões de companheiros humanos não compartilhamos uma definição única do que significa ser "moral".

O resultado é que arrependimentos morais compartilham uma estrutura básica com suas contrapartidas: começam numa encruzilhada. Mas envolvem um conjunto mais amplo de valores. Por exemplo, podemos nos deparar num momento em que precisamos escolher tratar alguém bem ou mal. Ou talvez a escolha seja entre seguir regras ou ignorá-las. Às vezes, temos diante de nós a opção de nos manter leais a um grupo ou traí-lo; de respeitar certas pessoas e instituições ou desobedecê-las; de preservar o sagrado ou profaná-lo.

Mas qualquer que seja a situação específica, no momento crucial escolhemos o que nossa consciência diz que é o caminho errado. Magoamos outras pessoas. Enganamos, somos coniventes ou violamos os princípios básicos da justiça. Quebramos nossos votos. Desrespeitamos autoridades. Degradamos o que deveria ser reverenciado. E, embora essas decisões possam parecer boas — até mesmo emocionantes — no início, com o tempo elas nos atormentam.

Arrependimentos morais soam assim: *Se ao menos eu tivesse feito a coisa certa.*

O SIGNIFICADO DA MORALIDADE

Muitas vezes você lê um livro que muda de maneira profunda o modo como você compreende o mundo. Para mim, um desses livros é *A mente moralista: Por que pessoas boas são segregadas por política e religião*, escrito por Jonathan Haidt e publicado em 2012.[1] Haidt é um psicólogo social, hoje na Universidade de Nova York, que dedicou o início de sua carreira ao estudo da psicologia moral. No livro, ele explica pesquisas dele próprio e de outros sobre como as pessoas determinam quais ações são corretas e quais são erradas.

A mente moralista me levou a estudar questões sobre as quais Haidt escreveu, e elas viraram meu pensamento de cabeça para baixo em dois pontos centrais.

Primeiro, durante muito tempo acreditei que quando enfrentamos questões de grande peso moral (Será que a pena de morte é justificável? O suicídio assistido devia ser legal?) raciocinamos e meditamos até chegar a uma conclusão. Abordamos essas questões como um juiz que avalia argumentos contrários, pondera os dois lados e chega a uma decisão racional. Mas, segundo a pesquisa de Haidt, isso não é exato. Em vez disso, quando consideramos o que é moral, temos uma resposta instantânea, visceral, emocional sobre o que é certo e o que é errado — e, depois, usamos a razão para justificar a intuição.[2] A mente racional não é um jurista de toga fazendo pronunciamentos sem vieses, como eu tinha pensado. É o porta-voz de nossas intuições. Seu trabalho é defender o chefe.

O segundo ponto que foi remodelado é especialmente relevante para este livro. A moralidade, demonstra Haidt, é muito mais ampla e variada do que muitos ocidentais seculares, de centro-esquerda, costumam compreender. Suponha que eu perguntasse — como Haidt, Jesse Graham, da Universidade do Sul da Califórnia, e Brian Nosek, da Universidade da Virgínia, fizeram em um estudo[3] — se "é errado enfiar um alfinete na palma da mão de uma criança que você não conhece". Todos nós — liberais, conservadores e pessoas no meio do caminho — diríamos que sim. Como alguém poderia aceitar machucar uma criança inocente? Da mesma forma, se eu perguntasse se é moral roubar dinheiro de uma caixa registradora quando o funcionário não está olhando, quase todo mundo concordaria em que isso também é errado. Quando se trata de prejudicar os outros sem nenhum motivo, ou mentir, enganar e roubar, indivíduos em todos os contextos e crenças em geral concordarão que não é moral.

Mas, para muitos políticos conservadores, sem falar em muita gente que vive fora da América do Norte e da Europa, a moralidade está além das virtudes do cuidado e da justiça. Por exemplo, é errado crianças responderem a seus pais? Chamar adultos por seu primeiro nome? É errado um norte-americano renunciar a sua cidadania e desertar para Cuba? É errado jogar a Bíblia ou o Corão no lixo? É errado uma mulher fazer um aborto, um homem se casar com outro homem, ou pessoas de qualquer gênero se casarem com mais de uma pessoa? Você terá respostas diferentes a essas perguntas se estiver numa igreja batista ou unitariana — em Blount County, Alabama, e em Berkeley, Califórnia. Não porque um grupo seja virtuoso e o outro, malévolo. É porque um tem uma visão mais estreita de moralidade (não prejudiquem ou enganem os outros), e o outro, uma visão mais ampla (não prejudiquem ou enganem os outros — mas também sejam leais a seu grupo, respeitem a autoridade e preservem o que é sagrado).

Haidt e seus colegas chamam essa ideia de "teoria de bases morais".[4] Inspirados na biologia evolucionária, na psicologia cultural e em vários outros campos, eles mostram que as crenças relativas à moralidade se apoiam em cinco pilares:

- *Cuidado/dano*: Crianças são mais vulneráveis do que os filhotes de outros animais, então os humanos precisam dedicar um tempo e um esforço consideráveis para protegê-las. Como resultado, a evolução introduziu em nós a ética do cuidado. Quem alimenta e defende os vulneráveis é gentil, quem os machuca é cruel.
- *Retidão/enganação*: Para que tenhamos sido bem-sucedidos como espécie precisamos depender de cooperação, inclusive permutas que cientistas

evolucionários chamam de "altruísmo recíproco". Isso significa que valorizamos aqueles em quem podemos confiar e desdenhamos quem trai nossa confiança.

- *Lealdade/deslealdade*: Nossa sobrevivência depende não apenas de nossas ações individuais, mas também da coesão de nosso grupo. Por isso, ser verdadeiro com nossa equipe, seita ou nação é uma atitude respeitada — e abandonar sua tribo costuma ser visto como insulto.
- *Autoridade/subversão*: Entre os primatas, hierarquias alimentam membros e os protegem de agressores. Quem enfraquece a hierarquia pode estar pondo todo o grupo em risco. Quando esse impulso evolucionário se estende à moralidade humana, traços como a deferência e a obediência em relação a quem está no topo se tornam virtudes.[5]
- *Pureza/profanação*: Nossos ancestrais precisaram lutar contra todo tipo de patógenos — desde *Mycobacterium tuberculosis* até *Mycobacterium leprae* — para que seus descendentes desenvolvessem a capacidade de evitá-los com o chamado "sistema imune comportamental", que os defende contra um conjunto mais amplo de impurezas, como as violações de castidade. No terreno moral, escreve um grupo de estudiosos, "preocupações com a pureza prenunciam apenas (além de outros fundamentos e fatores demográficos, como ideologia política) atitudes de guerra cultural contra casamento gay, eutanásia e pornografia".[6]

Uma teoria de base moral não diz que o cuidado é mais importante do que a pureza, que a autoridade é mais importante do que a justiça ou que você deve seguir um conjunto de fundamentos em vez de outro. Ela simplesmente cataloga como os humanos avaliam a moralidade do comportamento. A teoria é descritiva, não prescritiva. Mas seu poder descritivo é considerável. Não só remodelou meu entendimento do raciocínio humano e da política moderna, como ofereceu um modo elegante de interpretar arrependimentos morais.

OS CINCO PECADOS DOS QUAIS NOS ARREPENDEMOS

Enganar. Ser infiel. Roubar. Trair. Cometer sacrilégio. Às vezes o arrependimento moral que as pessoas apresentavam nas pesquisas parecia anotações para a produção de um vídeo sobre os Dez Mandamentos. Mas a ampla variedade entra nitidamente em foco quando vistos através das cinco molduras morais que descrevi anteriormente. Duas abrangem a maioria dos arrependimentos, mas, entre as outras três, duas também estavam bem representadas.

1. *Dano*

Na década de 1920, quando os sociólogos Robert Lynd e Helen Lynd começaram um projeto duradouro para descobrir a alma da classe média norte--americana para seu livro clássico *Middletown*, o lugar que escolheram para se enfiar foi Muncie, Indiana.[7] Era — e de certo modo ainda é — o melhor exemplo da cidadezinha norte-americana. E é onde Steve Robinson teve o que muitas vezes é o melhor exemplo da experiência infantil norte-americana: o bullying.

Steve se mudou para a área de Muncie na oitava série. Era uma criança pequena, introvertida e socialmente desajustada. Mas compensava essas deficiências perceptíveis tornando-se uma ameaça. Ele insultava e provocava seus colegas de classe. Arrumava brigas. Aos dezesseis anos, deu um soco num colega e quebrou seus dois dentes da frente.

Agora, aos 43 anos, essas agressões gratuitas são os maiores arrependimentos de Steve.

Pessoas de todos os espectros políticos concordam: machucar quem não nos provoca é errado. Não é de surpreender, então, que, tanto no American Regret Project quanto na World Regret Survey, pessoas tenham relatado mais arrependimentos morais relacionados a agressões do que de qualquer outro tipo. E o mais comum era relativo a bullying. Mesmo décadas depois, centenas de respondentes se arrependiam profundamente de ter tratado mal seus colegas.

Por exemplo, um homem de 52 anos de Nova York admitiu:

> Na sétima série, eu pratiquei bullying contra um garoto novo na escola. Ele era do Vietnã e mal falava inglês. Horrível!

Uma mulher de 43 anos no Tennessee disse:

> Eu zombava de um garoto na escola, apelidando-o de "Ziggy" por ser baixinho, atarracado e ter um cabelo louro espetado. Nunca esquecerei o olhar em seu

rosto quando se deu conta de que o apelido ia pegar. Foi cruel, me coloquei numa posição de "poder" depois de eu mesma ter sofrido bullying, mas eu me arrependi na mesma hora e nunca mais fiz algo assim.

Steve me contou que nos momentos que precediam o bullying "eu sabia que não devia fazer aquilo". Mas fazia mesmo assim. Ele gostava da atenção que atraía. Saboreava a sensação de poder. Mas tinha noção das coisas. Na verdade, ele mesmo tinha sofrido bullying algumas vezes, em casa e na escola. "Por ter estado dos dois lados, sabendo qual era a sensação, e ainda assim ter feito isso a alguém, é o que mais me causa arrependimento", ele me disse.

Diferente dos arrependimentos de ousadia, é mais provável que os morais envolvam ação do que inação. Mas, para algumas pessoas, inclusive Kim Carrington, apenas ter estado presente numa situação de bullying foi suficiente para provocar arrependimento.

Quando tinha oito anos, Kim pegava todo dia um ônibus escolar para ir de sua cidadezinha no Iron Range [área de mineração e minério de ferro] de Minnesota para uma maior, onde ficava a escola. Todo dia, o ônibus pegava outra menina, que vivia numa fazenda numa área mais distante. E, todo dia, quando a menina subia no ônibus, as outras crianças tapavam o nariz, como se ela cheirasse mal, a chamavam de nomes feios e não a deixavam se sentar.

Um dia, Kim se mexeu em seu assento para dar lugar à menina. As duas conversaram amigavelmente pelo resto da viagem. Mas, por causa dessa gentileza, a própria Kim sofreu bullying na escola naquele dia. Assim, no dia seguinte, quando a menina embarcou, Kim se recusou a deixá-la se sentar com ela.

"Perdi minha integridade, e isso me persegue até hoje e ainda me faz chorar", disse Kim, que tem agora cinquenta anos e vive em Kansas City. A outra menina logo deixou de pegar o ônibus. "Meu arrependimento é por não ter feito amizade com ela. Não tê-la defendido. Fiz a coisa errada e nunca tive oportunidade de corrigir isso."

Arrependimentos nessa categoria não se limitam a malfeitos na infância. Pessoas descreveram como insultaram colegas de trabalho, terminaram de forma unilateral e brusca relações românticas e ameaçaram vizinhos. A maioria foi com palavras, embora em alguns casos os punhos tenham sido usados. E, para todas as associações norte-americanas que estudam comportamentos como o bullying, esses arrependimentos são internacionais.

Um homem de 53 anos do Reino Unido disse:

Eu machuquei fisicamente um homem quando tinha dezoito anos. Passei os 35 anos seguintes me escondendo da vida de todas as formas. Sou um covarde.

Um homem de 57 anos da África do Sul disse:

Eu me arrependo de ter dito a uma mulher que estava terminando com ela porque era gorda. Trinta anos depois ainda acordo de noite não acreditando que a magoei daquele jeito.

Magoar outras pessoas é tão inequivocamente errado que muitas pessoas buscam canalizar o arrependimento para um comportamento futuro mais respeitável. "Você olha para si mesmo em retrospecto e sente vergonha", disse-me Steve. Mas, "na vida adulta, tentei ser uma pessoa melhor". Após sair do ensino médio, ele se formou em psicologia, enfermagem e direito penal. Trabalhou como enfermeiro pediátrico e como conselheiro de menores infratores. "Fiz mal a pessoas no passado e quero fazer bem em minha situação atual", ele me disse. "Há uma parte de mim que se orgulha muito de tentar fazer com que as pessoas se sintam seguras hoje em dia."

2. Traição

Kaylyn e Joel, cujas histórias abriram este capítulo, não foram o único caso de infidelidade conjugal que a World Regret Survey revelou. Arrependimentos por causar danos aos outros, em especial com bullying, foram os que apareceram mais, mas aqueles por traição, particularmente a cônjuges, terminaram num apertado segundo lugar. Também nesse caso, a maior parte das pessoas na maioria das culturas concorda: deveríamos falar a verdade, manter nossas promessas e agir segundo as regras acordadas.

Algumas vezes, pessoas confessaram ter traído outras por conta de itens físicos — desde um californiano de dezesseis anos que se arrependeu de ter "roubado dinheiro de uma caixa" até um romeno de 51 anos que escreveu: "Tenho vergonha de ter roubado uma gaita de um de meus companheiros no Exército".

Arrependimentos por desonestidade acadêmica, embora não muito difundidos, também apareceram em várias idades — desde uma mulher de 22 anos na Virgínia que escreveu: "Eu me arrependo de ter colado na escola", até um homem de 68 anos de Nova Jersey que escreveu: "Eu me arrependo de ter ajudado alguém a colar numa prova de cálculo [...] no meu primeiro ano no ensino médio. Eu ainda não sabia como agir de forma correta".

Mas a infidelidade conjugal ficou no topo da lista — com arrependimentos que chegaram de seis continentes e de dezenas de países.

Uma mulher de cinquenta anos disse:

Eu tive um caso — o maior erro da minha vida. Agora tenho de conviver para sempre com o fato de ter sido tão horrível com meu marido. Em vez de ser franca e lhe contar como eu estava infeliz, decidi fazer algo incrivelmente estúpido, do qual não tenho certeza de que poderei me perdoar.

E um homem de cinquenta anos disse:

Eu me arrependo de ter perdido fé e força em mim mesmo e ter enganado minha mulher. Sinto o arrependimento todo dia.

Uma mulher de 55 anos disse:

Traí meu marido. Ele era um homem incrivelmente adorável, que amava sua família. Nem mesmo tenho certeza do motivo. Eu o amava. Era uma jovem mãe de quatro filhos. Éramos uma família unida — nos divertíamos, passávamos tempo juntos, realmente não tínhamos preocupações, e ainda assim eu fiz isso.

Agressão e traição se sobrepõem. A infidelidade é uma agressão e magoa o parceiro traído. No entanto, quem participou da pesquisa, além do sofrimento que causou, pareceu se arrepender mais da confiança abalada. "Fizemos votos. Eu o traí", disse-me Kaylyn. "Fiz votos a minha mulher, que eu destruí", disse Joel. "Minha integridade foi jogada pela janela."

Jocelyn Upshaw, que trabalha na Universidade do Texas (e me pediu que usasse um pseudônimo em vez de seu nome verdadeiro), teve um caso durante nove meses com um colega de trabalho num momento em que seu casamento parecia estar sem vida. Ela depois contou a seu marido. Eles fizeram terapia e o casamento sobreviveu. Mas a ruptura ainda a incomoda.

"Meu marido e eu assumimos esse compromisso um com o outro. E eu não preservei meu lado dessa troca. Meu marido confiou em mim, e eu o decepcionei", ela me disse. "Mentir e trair estão no topo da lista do que não fazer se você quer ser uma pessoa boa."

Na esteira de suas ações, Kaylyn, Joel e Jocelyn trabalharam para tornar as coisas, se não corretas, pelo menos melhores. Kaylyn confessou ao marido na manhã seguinte de sua transgressão. "Eu nunca fui capaz de roubar nada em minha vida. Nunca colei em uma prova. Assim, quando isso aconteceu, não pude esconder", ela me disse. Seu marido ficou calmo, e juntos reconstruíram a confiança. "Ele é o melhor homem do mundo", diz Kaylyn.

O caminho de Joel foi mais tortuoso. Ele depois teve um filho com outra mulher. Mas ele nunca pôde afastar "o apelo da responsabilidade perante um Deus que diz: 'Não cometa adultério'". Ele e sua mulher se reconciliaram. Mudaram-se e começaram a trabalhar numa igreja em outro lugar, no Canadá. "Saber que traí minha esposa é uma das piores coisas que eu tenho para contar", ele me disse. "Minha compreensão da confiança e da confiabilidade se aprofundou, porque experimentei o que é ser indigno de confiança."

Jocelyn, que não é religiosa, diz que seu arrependimento a fez ficar mais empática. "Antes de isso acontecer, havia essa espécie de senso de retidão em mim. Eu era uma boa menina. Nunca faria nada errado. E depois eu fiz *realmente* algo errado. Isso abriu meus olhos para o fato de que pessoas cometem erros." Quando era mais jovem, diz, ela dividia o mundo em pessoas boas e más. "Levou muito tempo para eu perceber que isso não é verdade."

3. Deslealdade

Quando Charlie McCullough se formou em engenharia mecânica na Universidade de Maryland, em 1981, ele pensou em se alistar nas Forças Armadas. Admirava a dedicação que a vida militar exigia e o companheirismo que ela fomentava. Mas ofertas de emprego mais lucrativos apareceram — e ele optou pelo setor privado. "Os que servem, em especial nas Forças Armadas, amam de verdade o nosso país", ele me disse. "Eu me arrependo de não ter sido parte disso."

Lealdade a um grupo é um valor moral essencial. Ele aparece com maior ênfase em algumas culturas políticas e nacionais que em outras. E talvez, por causa disso, arrependimentos relativos a esse fundamento moral não são tão numerosos quanto aqueles de dano e traição.

Além disso, os arrependimentos que as pessoas expressaram foram menos em relação a renunciar a um grupo do que quanto a não cumprir suas obrigações com ele. Por exemplo, entre os participantes dos Estados Unidos que terminaram o recrutamento em 1973 e não foram servir no Exército, um grande número enviou reflexões parecidas com a de Charlie.

Uma mulher de 44 anos de Michigan relatou que seu maior arrependimento era:

Não me alistar nas Forças Armadas e servir na Aeronáutica.

Um homem de 58 anos de New Hampshire relata este arrependimento:

Não servi a meu país nas Forças Armadas antes ou depois da faculdade. Sou o único membro de minha família que não o fez. Olhando para trás, eu gostaria de ter servido.

Uma mulher de 53 anos de Wisconsin escreveu:

Eu me arrependo de não ter servido nas Forças Armadas [...]. Servir ao país, não importa onde ou em que função, seja no Americorps, no Peace Corps etc., é extremamente valioso.

Como escreve Haidt em *A mente moralista*, o fundamento moral da lealdade ajuda grupos a cimentar conexões e formar coalizões. Isso mostra "quem joga no time e quem é um traidor, em particular quando seu time está lutando com outros".[8]

Tive uma pequena decepção de que as pesquisas não revelaram um único Benedict Arnold ou Judas Iscariotes moderno. Charlie, na verdade, acabou trabalhando para um grande contratante na área da Defesa que equipa as Forças Armadas. Mas ser apenas um adjacente ao serviço militar foi insuficiente. Ele se arrepende de não ter tido a "experiência da dificuldade e do sacrifício", de depender de outros para sua sobrevivência e de que outros dependessem dele. "Se você está servindo a alguém, isso significa que não está servindo a você mesmo", ele me disse. "O ato de sacrifício é bom para o outro, mas também é bom para a alma."

4. Subversão

Os arrependimentos morais que apareceram menos envolviam o fundamento da autoridade/subversão. Algumas pessoas se arrependiam de "ter desonrado meus pais" e "ter sido desrespeitoso com meus professores" — como um homem de 24 anos da Índia, que enviou esta história:

> Meu pai e eu tínhamos uma loja. Um professor que havia me dado aulas na escola veio fazer uma compra. Ele nos conhecia, mas meu pai não o conhecia. Nós dávamos um pequeno desconto a pessoas que conhecíamos, meu professor entre eles. Eu pensava que meu pai o conhecia, por isso não lhe disse quem era. Ele pagou o valor integral, não que se importasse com isso. Mas depois que foi embora, meu pai disse que eu deveria ter-lhe dito quem era. Foi muito vergonhoso e desrespeitoso de nossa parte não termos feito o desconto como demonstração de respeito e gratidão. Eu me arrependo muito, muito mesmo desse incidente toda vez que me vem à lembrança.

Esse tipo de caso, no entanto, foi relativamente raro. Um motivo para a escassez desse tipo de arrependimento moral é que a porção quantitativa de minha pesquisa só tinha americanos na amostragem, e a porção qualitativa incluía mais pessoas dos Estados Unidos do que de qualquer outro país. Se eu tivesse tomado mais amostras de nações e regiões onde os valores culturais de deferência são com frequência mais proeminentes, esse tipo de arrependimento poderia ter sido mais comum.

5. Profanação

Arrependimentos por violação de santidade foram mais numerosos do que por subversão de autoridade. Esses sentimentos foram também emocionalmente intensos — em especial quando centrados em uma das questões contestadas com maior veemência nos últimos sessenta anos: o aborto.

Os norte-americanos compartilham um relativo consenso quanto à legalidade do aborto, mas estão profundamente divididos quanto à sua moralidade. Segundo o Gallup, cerca de três quartos dos norte-americanos acreditam que o aborto deveria ser legal pelo menos em certas situações. No entanto, 47% acreditam que é "moralmente errado", enquanto 44% acreditam que é "moralmente aceitável".[9] Essa divisão aparece de forma clara em minha pesquisa.

Arrependimentos por abortos não apareceram tanto quanto por bullying e infidelidade, mas estavam presentes. Uma mulher de cinquenta anos no Arkansas disse:

> Fiz um aborto quando tinha vinte anos. É o maior arrependimento de minha vida. Meu segundo maior arrependimento é ter feito outro aos 25...

Esses arrependimentos eram em parte sobre o dano causado, mas eram também mais do que isso: tinham a ver com acreditar que as ações equivaliam a uma degradação da própria santidade da vida.

Por exemplo, uma mulher de sessenta anos da Pensilvânia escreveu:

> Eu me arrependo de ter abortado um feto que teria sido meu terceiro filho com meu marido. Estávamos casados havia 34 anos. A gravidez de meu segundo filho havia sido difícil. Meu marido não quis que eu sofresse com mais uma gravidez menos de um ano depois. Creio que ele tinha em mente [também] o fardo financeiro de um terceiro filho [...]. Chorei durante todo o percurso até a clínica e lamentei todos os dias desde então [...]. O fardo de ter posto fim a uma vida, uma vida criada com amor, pesa em mim a cada dia.

Uma mulher de 58 anos de Porto Rico registrou:

> Ter feito um aborto. Precisar dizer sinto muito quando me encontrar com ele/ela no céu.

Mais de cem anos atrás, o sociólogo francês Émile Durkheim escreveu que a característica que define o pensamento religioso — e, eu argumento, muitos outros sistemas de crença — é a "divisão do mundo em dois domínios, uma que tem tudo que é sagrado, e outra com tudo que é profano".[10] Nem sempre concordamos com as fronteiras entre eles. Mas, quando abandonamos o que acreditamos ser sagrado pelo que acreditamos ser profano, a consequência é arrependimento.

Arrependimentos morais são uma categoria peculiar. São os menores em número, mas os maiores em variedade. São os que mais doem individualmente. Mas podem ser também os que mais inspiram coletivamente. Há algo de animador quanto a mulheres e homens adultos acordarem no meio da noite desolados por causa de coisas que aconteceram décadas atrás, em que causaram mal a outras pessoas, agiram de maneira injusta ou comprometeram valores de sua comunidade. Isso sugere que, em algum lugar de nosso DNA e profundamente enterrado em nossas almas, há o desejo de ser bom.

Todos os arrependimentos de estrutura profunda revelam uma necessidade de transmitir uma lição. No caso dos morais, a necessidade é de bondade. A lição, que já ouvimos em textos religiosos, em tratados de filosofia e em advertências parentais, é esta: quando em dúvida, faça a coisa certa.

喂养一只兔子，因为溺宠，放出铁笼子后，吃多兔粮包装袋的塑料而去世*

Sexo feminino, 38 anos, China

"Inação. Não convidar a garota para sair, não começar um negócio mais cedo, não pedir para falar numa conferência. Eu me arrependo da inação mais do que de qualquer outro erro que possa ter cometido."

Sexo masculino, 43 anos, Canadá

"Não ter levado doces a minha avó quando ela estava em seu leito de morte. Ela pediu isso especificamente.

Sexo masculino, 35 anos, Arkansas

* "Ao alimentar e cuidar de um coelho, eu sem querer o deixei fugir da gaiola, e depois ele comeu um monte de plástico e morreu."

10. Arrependimentos de conexão

Para que você possa compreender os arrependimentos de conexão, deixe-me contar a história de quatro mulheres, duas amizades e duas portas.

A primeira mulher é Cheryl Johnson, nascida em Des Moines, Iowa, residente em Minneapolis, Minnesota, e ex-diretora de pesquisa numa editora. Cheryl tem cinquenta e poucos anos. Ela é dedicada a seu marido, a sua academia de ginástica e a seus últimos projetos, uma casa que está construindo e um livro que está escrevendo.

No final da década de 1980, Cheryl frequentou a Universidade Drake, também em Des Moines, onde fez rapidamente amizade com a segunda mulher desta história. Seu nome é Jen.

Cheryl e Jen pertenciam à mesma *sorority*, uma irmandade de mulheres, e moravam numa casa com cerca de outras quarenta mulheres.[1] No grupo, as duas se destacavam por sua seriedade e ambição; Cheryl se tornou a presidente da irmandade; Jen foi eleita presidente de todo o corpo estudantil. "Levamos nossas carreiras na faculdade um pouco mais a sério do que um estudante comum, e isso fez com que parecêssemos diferentes", disse-me Jen. "Nós nos conectamos em parte porque nos sentíamos à margem das coisas socialmente."

Elas conversavam o tempo todo. Apoiavam-se mutuamente no entusiasmo e nas aspirações. Faziam grandes planos de conquistar o mundo.

Pouco depois da graduação, em 1990, Jen se casou — Cheryl foi a madrinha — e mudou para a Virgínia. E pouco depois, Jen convidou Cheryl para visitá-la em sua nova casa. Jen disse que queria que Cheryl conhecesse um amigo do marido, que achava que seria um bom pretendente.

Cheryl foi pega de surpresa. Ela estava namorando outro estudante de Drake já fazia dois anos. "Eu pensava que ele seria o cara." Jen o conhecia, mas Cheryl disse que "ela não achava que ele fosse o cara". Cheryl recusou de forma educada o convite para a visita. Sem drama. Sem ressentimentos.

Nos anos seguintes, Cheryl e Jen, vivendo em regiões diferentes do país numa época anterior à popularidade dos e-mails, trocavam cartas e cartões-postais. Cheryl mais tarde rompeu com o namorado, a quem hoje se refere como "sr. Errado", e diz: "Agora que amadureci e me tornei quem sou, posso enxergar o que Jen via".

Passados alguns anos, as cartas rarearam. Depois, pararam. Cheryl não falava com Jen havia 25 anos. Não se viam pessoalmente desde o casamento de Jen.

"Não tivemos um rompimento. Eu só fui me afastando", Cheryl me disse. "Eu me arrependo de não ter esse relacionamento em minha vida. Senti falta de ter outra pessoa que possa compartilhar comigo o tipo de crescimento que experimentei ao longo dos anos."

Essa ausência a inquieta. "Se você fosse morrer daqui a um mês, não há coisas que ia querer consertar?", disse Cheryl. "Eu gostaria que ela soubesse que [a amizade] é importante para mim mesmo 25 anos depois."

Durante uma conversa por Zoom numa tarde de primavera, perguntei a Cheryl se ela havia considerado reatar a amizade — ou ao menos ligar, enviar um e-mail ou escrever para Jen.

"Acho que a porta está aberta", ela respondeu. "Se eu não fosse covarde, faria isso."

Arrependimentos de conexão são a maior categoria na estrutura profunda do arrependimento humano. Eles surgem de relações que se desfizeram ou permanecem incompletas. Os tipos de relacionamentos que produzem esse sentimento variam. Cônjuges. Parceiros. Pais. Filhos. Irmãos. Amigos. Colegas. A natureza do rompimento também varia. Alguns se desfazem, outros se rompem. Alguns foram formados desde o início de maneira inadequada.

Porém em cada caso esses arrependimentos compartilham uma trama comum. Um relacionamento que um dia estava intacto, ou que deveria estar intacto, não está mais. Às vezes, com frequência por motivo de morte, não há nada que possamos fazer. No entanto, muitas vezes, em muitos papéis — de filha, tio, colega de faculdade —, ansiamos por fechar o círculo. Mas fazer isso requer esforço, traz incerteza emocional, e tem o risco da rejeição. Assim enfrentamos uma escolha: tentar fazer o relacionamento ser completo — ou deixar que permaneça não resolvido?

Arrependimentos de conexão soam assim: *Se ao menos eu tivesse demonstrado interesse.*

PORTAS FECHADAS E PORTAS ABERTAS

A terceira mulher na história é Amy Knobler. Amy, que vive em Pasadena, Califórnia, cresceu em Cherry Hill, Nova Jersey. No ensino médio, ela conheceu uma garota que chamarei de Deepa.

Deepa era uma criança que ficava confinada em casa, seus pais trabalhavam em empregos que exigiam muito deles, e sua casa ficava a poucos quarteirões da escola. Amy e Deepa iam para lá depois das aulas, forjando uma amizade na liberdade de uma casa vazia. Amy se lembra dessas tardes como alguns dos momentos mais felizes de sua vida. "Era tudo que você pode imaginar em termos de se conectar com uma amiga muito próxima", ela me disse.

Amy e Deepa continuaram amigas na escola e mantiveram contato depois da formatura, quando seguiram para a faculdade, formaram carreiras e famílias. Deepa veio ao casamento de Amy em 1998. Suas famílias eram tão próximas que até mesmo os pais de Amy foram ao matrimônio de Deepa, em 2000. Como presente de casamento, Amy deu a Deepa um elaborado livro de culinária com suas receitas favoritas. "Não existe outra conexão como a que você faz na infância, sabe?", disse Amy.

Em 2005, o marido de Deepa enviou uma nota a todas as pessoas na vida de sua mulher informando que ela tinha sido diagnosticada com uma forma agressiva de câncer. Como acontece em muitas doenças, as notícias que se seguiram oscilavam entre assustadoras e reconfortantes. Deepa entrou em remissão. Teve um filho. Mas, no verão de 2008, o câncer voltou e seu prognóstico parecia sombrio. A qualidade de vida de Deepa era boa naquele momento, o Facebook notificava amigos e família, mas ela provavelmente tinha apenas um ano de vida.

Amy queria ligar para sua velha amiga.

Amy postergava ligar para sua velha amiga.

Tarde da noite em dezembro de 2008, Amy recebeu uma mensagem de um amigo comum dizendo que a saúde de Deepa tinha piorado seriamente.

No dia seguinte, Amy ligou para a casa de Deepa em Nova Jersey para falar com ela. Quem atendeu explicou que Deepa tinha morrido naquela manhã.

"Nunca vou esquecer como me dei conta naquele momento da oportunidade que eu tinha perdido", disse Amy. "Meu pensamento sempre era: 'Será que ela se perguntou por que eu não tinha telefonado?'. Vou sempre me perguntar isso, e nunca mais vou me comportar dessa forma."

Muitas vezes as pessoas se referem a arrependimentos em termos de portas. Amy teve um arrependimento "de porta fechada". Como ela me disse, a oportunidade para restaurar sua conexão com Deepa havia sido perdida. Cheryl tinha um arrependimento "de porta aberta". A oportunidade para se reconectar com sua colega de faculdade permanece.

Ambos os tipos nos atormentam, mas por motivos diferentes. Arrependimentos de porta fechada nos angustiam porque não podemos fazer nada quanto a eles. Os de porta aberta nos incomodam porque podemos, embora isso requeira esforço.

Na World Regret Survey, muitos participantes relataram o sentimento de perda que acompanha o fechamento de uma porta.

Um homem de 51 anos da Califórnia perdeu a conexão com o pai aos sete anos, quando seus pais se divorciaram. Ele visitava o pai em fins de semana alternados, mas "o relacionamento era superficial [...] não havia conversas profundas nem tentativas de realmente conhecermos um ao outro". No ensino médio, as visitas pararam. O homem tornou a se conectar um pouco com o pai no fim da adolescência e aos vinte e poucos anos, porém:

> Durante todo esse tempo não construímos nenhum tipo de ligação [...]. Ele faleceu dezessete anos atrás, e eu com frequência me arrependo de não ter tomado uma cerveja com ele, como homens adultos.

Uma mulher de 54 anos compartilhou isto:

Eu me arrependo de não ter sido mais gentil com minha mãe. Eu não a valorizava quando era mais jovem, pensando que era muito mais esperta do que ela (típico de adolescente). Quando cresci, discutíamos política, ambas defendendo de forma apaixonada seus pontos de vista. Agora que ela se foi, eu sinto falta dela desesperadamente, tanto que algumas vezes fico sem ar. Fiz o papel de filha todo errado. Olho para minhas filhas e rezo pedindo que sejam mais gentis comigo do que fui com minha mãe, mesmo não tendo certeza de que mereço isso.

Para muitas pessoas, inclusive uma mulher de 45 anos do Distrito de Colúmbia, a porta se fechou com palavras que não foram ditas:

Meu irmão morreu subitamente aos 41 anos. Eu me arrependo de não lhe ter dito mais vezes "eu te amo".

E vários arrependimentos se parecem com este, de uma mulher de 44 anos de Iowa:

Eu me arrependo de não ter ido ao funeral de meu coach e mentor na faculdade. Meu bebê só tinha algumas semanas, era inverno e havia boa chance de tempestade, além disso teria de viajar de carro mais de três horas. Digito essas desculpas assim como as repeti para mim mesma várias vezes enquanto me decidia [...]. Razão, arrependimento, razão, arrependimento, razão, arrependimento jogando pingue- -pongue em meu cérebro toda vez que penso naquele evento de quinze anos atrás.

Um estudo de 2012 por Mike Morrison, Kai Epstude e Neal Roese concluiu que arrependimentos relativos a relacionamentos sociais são sentidos mais profundamente do que outros tipos porque ameaçam nosso senso de pertencimento. Quando nossas conexões com outros se esgarçam ou se desintegram, sofremos. E quando é por nossa culpa, sofremos mais ainda. "A necessidade de pertencer", escreveram, "não é apenas um motivo humano fundamental, mas um componente fundamental do arrependimento."[2]

Arrependimentos de porta fechada nos frustram porque não podemos corrigi-los. Acabou. Mas portas que não podem se mover escondem um benefício:

elas oferecem outro exemplo de como um arrependimento pode fazer com que sejamos melhores.

Alguns anos após a morte de Deepa, Amy soube que outra amiga tinha sido diagnosticada com câncer. "Fiquei lembrando minha experiência anterior [com Deepa]", disse Amy. "Eu realmente precisava embarcar naquilo, por mais difícil que fosse."

Amy ligava com frequência para a amiga. A visitava. Trocaram e-mails e mensagens. "Fiz tudo que podia para que ela tivesse certeza de que sempre estaria em meus pensamentos. Fiz um esforço muito mais sério de estar com ela e entender a realidade de sua situação."

A amiga faleceu em 2015. "Mantivemos uma conexão até ela morrer." Amy me disse. "Não fez com que isso fosse mais fácil. Mas não tenho arrependimentos."

ROMPIMENTOS E DISTANCIAMENTOS

Cheryl e Jen nunca tinham brigado — nem mesmo uma pequena rusga. Nunca discutiram a dissolução de sua amizade. Ela simplesmente evanesceu.

Embora as pessoas tenham relatado milhares de arrependimentos de conexão na pesquisa, os modos específicos pelos quais os relacionamentos terminaram eram só dois: rompimentos e distanciamentos.

Rompimentos começam com um incidente catalisador — um insulto, uma revelação, uma traição. Isso leva a elevação das vozes, ameaças, pratos quebrados e outras cenas de telenovela e peças de Edward Albee. Rompimentos deixam as partes ressentidas e antagônicas, mesmo que para quem está de fora a queixa por trás possa parecer trivial e fácil de ser corrigida.

Por exemplo, um canadense de 71 anos se arrependeu pois:

Um desentendimento com meu filho no Natal devido ao comportamento de seu filho de cinco anos (meu neto) acabou numa enorme, embora breve, discussão. Resultou num estranhamento na família que durou quase cinco anos. Não nos falamos nem nos comunicamos desde então.

Uma mulher de 66 anos do Texas escreveu:

Eu me arrependo de ter reagido negativamente quando descobri que minha nora [...] e meu filho decidiram morar na Austrália, o país dela, depois de termos sido levados a acreditar que ela queria morar perto de nós. Eles foram embora, e agora estamos estremecidos.

Os distanciamentos seguem uma narrativa mais turva. Com frequência lhes faltam um começo, um meio e um fim discerníveis. Acontecem quase de maneira imperceptível. Um dia, a conexão existe. No outro, olhamos em volta, e ela se foi.

Uma mulher da Pensilvânia se arrependeu de

Não ter dedicado tempo para ser uma amiga, irmã e filha melhor. Deixar o tempo passar e de repente constatar que tenho 48 anos.

Um homem de 41 anos no Camboja escreveu:

Eu me arrependo de ter deixado bons amigos se afastarem por não ter mantido contato.

Para muitos, a situação só é reconhecível em retrospecto. Um homem de 62 anos da Pensilvânia disse:

Gostaria de ter tentado mais fomentar relacionamentos mais profundos com meus colegas de trabalho. Trabalhei no mesmo lugar durante mais de trinta anos, mas não estou certo de que possa realmente chamar qualquer uma das pessoas com quem trabalhei de um amigo próximo.

Rompimentos são mais dramáticos. Mas distanciamentos são mais comuns. Eles também podem ser mais difíceis de corrigir. Rompimentos geram emoções como raiva e ciúme, que são familiares e mais fáceis de identificar e compreender. Distanciamentos envolvem emoções mais sutis e que podem parecer menos legítimas. E a primeira entre essas emoções, descrita por centenas de pessoas com arrependimentos de conexão, é o constrangimento.

Quando Cheryl considerou se reconectar com sua velha amiga, ela se perguntou: "Seria melhor para Jen nunca mais ouvir falar de mim — ou ouvir de mim seria um pouco esquisito?". E as preocupações de Cheryl em relação ao constrangimento sempre prevaleciam. Preocupava-se com a "estranheza de ir procurá-la" após um quarto de século. Temia que esse gesto "pudesse parecer errado" para sua amiga.

A mesma barreira evitou que Amy ligasse para Deepa. "Havia uma espécie de constrangimento em dizer: 'Realmente não falei com você durante anos. Mas, ora, ouvi falar que você está morrendo e resolvi ligar!'", explicou Amy. "Gostaria de não ter tido medo de enfrentar os sentimentos incômodos que eu sabia que teria quando falasse com ela."

Se os tivesse enfrentado, Amy poderia ter ficado surpresa, até mesmo grata. Seres humanos são criaturas impressionantes. Somos capazes de pilotar aviões, compor óperas e assar bolos. Mas costumamos ter o mau hábito de querer adivinhar o que os outros pensam e antecipar como vão se comportar. Pior, não nos damos conta de quão ineptos somos nesses talentos.[3] E, quando se trata de perceber e predizer constrangimento, somos pouco mais que desastrados.

Num estudo de 2014, os psicólogos sociais Nicholas Epley e Juliana Schroeder recrutaram passageiros de trens e ônibus na área de Chicago e pediram a alguns deles que começassem uma conversa com estranhos. Os recrutas predisseram que fazer isso os faria se sentir desconfortáveis e que quem recebesse suas iniciativas ficariam ainda mais constrangidos. Estavam duplamente errados. Os que começaram a conversa acharam que foi mais fácil do que tinham pensado. Aproveitaram a viagem mais do que os participantes do grupo de controle, que não fizeram contatos. E os estranhos com quem falaram não foram exceção, gostaram das conversas tanto quanto eles.

"As pessoas se enganam quanto às consequências da conexão social", escreveram Epley e Schroeder.[4] Os passageiros ficaram com medo de que puxar uma conversa fosse desconfortável para todos, mas seus temores estavam equivocados. Não foi nada constrangedor.

Num estudo de 2020, Erica Boothby, da Universidade da Pensilvânia, e Vanessa Bohns, da Universidade Cornell, examinaram um fenômeno relacionado: nosso melindre em cumprimentar as pessoas. Boothby e Bohms descobriram que a perspectiva de ter de cumprimentar alguém pode fazer as pessoas ficarem retraídas. Elas se preocupam em "se mostrarem desajeitadas e que outros estejam notando — e julgando — seus muitos defeitos e gafes". Mas, no experimento, as predições que as pessoas fizeram — delas e dos outros — se mostraram vãs. Elas tinham *superestimado* de forma drástica o quão "incomodadas, desconfortáveis e aborrecidas" as pessoas que cumprimentariam iriam se sentir — e *subestimaram* o quão positivamente essas pessoas reagiriam.[5] Não houve constrangimento nenhum.

O que acontece nessas situações é um fenômeno que psicólogos sociais chamam de "ignorância pluralista". De maneira errada assumimos que nossas crenças diferem amplamente das de outras pessoas — em especial quando esses pensamentos privados parecem estar em desacordo com um comportamento público maior. Assim, quando nos esforçamos para entender uma aula, não fazemos perguntas porque, de forma equivocada, acreditamos que, como outras pessoas não o estão fazendo, isso significa que *elas* entenderam o assunto — e não queremos parecer idiotas. Mas não levamos em consideração que os outros podem estar igualmente confusos — e igualmente nervosos com parecerem estúpidos. Estamos confusos, mas continuamos assim porque achamos de forma errada que ninguém mais se sente igual. Ou pesquisas com universitários que revelam que a maioria deles não bebe demais. Mas eles pensam que são a exceção, e que todos os seus colegas de classe estão constantemente bêbedos, o que, de forma perversa, reforça uma norma social que relativamente poucas pessoas de fato endossam.[6]

Nossas preocupações com a sensação de constrangimento em relação a alguém de quem nos afastamos confirmam esse padrão. Também presumimos com frequência que nossas próprias preferências são únicas. Durante uma conversa na qual Cheryl manteve sua impressão de que Jen teria pouco interesse em se reconectar — e que, ao contrário, ela ia considerar qualquer comunicação por parte de Cheryl repugnante —, eu lhe pedi que considerasse um cenário inverso.

Como se sentiria ela se Jen a procurasse?

"Se eu recebesse uma mensagem dela hoje, oh meu Deus, eu ia irromper em lágrimas", ela me disse. "Ter notícias dela e ela ainda pensar em nossa amizade depois de todos estes anos mudaria minha vida."

"FELICIDADE É AMOR. PONTO FINAL."

O estudo mais longo sobre o bem-estar durante a vida de um único grupo de pessoas é o Estudo sobre o Desenvolvimento Adulto, da Escola de Medicina de Harvard, também conhecido como Estudo Grant, em homenagem a um de seus criadores. Talvez você já tenha ouvido falar dele. Em 1938, pesquisadores de Harvard recrutaram 268 universitários homens e os acompanharam pelos oitenta anos seguintes. A duração do estudo e seus detalhes são impressionantes. Os pesquisadores mediram o QI desses homens, analisaram sua caligrafia e examinaram suas sobrancelhas e seus testículos. Tiraram sangue, fizeram eletroencefalogramas e calcularam sua renda durante toda a vida deles. O audacioso objetivo era tentar determinar por que algumas pessoas floresceram na vida pessoal e profissional e outras, não.

Apesar de suas limitações óbvias — os objetos do estudo eram todos homens brancos norte-americanos —, o Estudo Grant é um dos mais importantes projetos de longo prazo na história da ciência psicológica. Os pesquisadores depois incluíram os filhos e as esposas desses homens no estudo. E, em 1970, acrescentaram 456 residentes de Boston da classe trabalhadora para diversificar a amostragem socioeconômica. As conclusões combinadas desses esforços são consideradas sérias, instrutivas e provavelmente universais.

Como resumiu a *Harvard Gazette* em 2017:

> Relacionamentos íntimos, mais do que dinheiro ou fama, é o que mantém as pessoas felizes ao longo da vida [...]. Esses laços as protegem de insatisfações, ajudam a postergar o declínio mental e físico e são melhores preditores de vidas longas e felizes do que a classe social, o QI ou até mesmo a genética. Essa conclusão se mostrou verdadeira em todo o grupo, tanto nos homens de Harvard quanto nos participantes de Boston.[7]

Homens que tiveram relacionamentos calorosos com os pais na infância tiveram renda maior do que aqueles cuja relação foi mais tensa. Foram também mais felizes e menos propensos à demência na velhice. Pessoas com casamentos sólidos sofreram menos dor física e angústia emocional no decorrer de suas vidas. Amizades individuais estreitas indicavam com mais precisão um envelhecimento saudável do que os níveis de colesterol. Suporte social e conexões com uma comunidade ajudaram a proteger as pessoas de doença e depressão. Ao mesmo tempo que solidão e desconexão, em alguns casos, foram fatais.

Em 2017, Robert Waldinger, psiquiatra e atual diretor do estudo, descreveu a um jornalista o insight essencial da pesquisa: "Cuidar do corpo é importante, mas se dedicar a relacionamentos também é uma forma de se cuidar. Acredito que essa é a revelação".[8]

Muitas pessoas na World Regret Survey parecem ter chegado a uma conclusão semelhante à do Estudo Grant. Veja, por exemplo, esta mulher de 57 anos da Califórnia:

Eu me arrependo de não ter me aproximado mais da minha enteada quando ela era criança. Não queria que ela pensasse que eu estava tentando substituir a mãe dela, e não percebi o quando ela precisava de uma mãe.

Ou uma mulher de 62 anos de Ohio, que disse:

Meus pais, com um ano de diferença, passaram seu período terminal em minha casa. Eu me arrependo profundamente de não ter, em seus últimos dias, segurado a mão deles e falado sobre os momentos maravilhosos que me proporcionaram. Não éramos uma família que abraçava, chorava ou beijava, e eu não sabia que precisava fazer isso — por eles ou por mim.

Ou este homem de 71 anos, da Flórida:

Quando minha filha revelou ser transgênero, aos catorze anos, não compreendi e não lidei bem com a situação. Como resultado, infligi um sofrimento terrível à minha única filha e à pessoa que mais amo no mundo. As coisas mudaram desde então, e agora sou seu apoiador número um, mas nunca vou me perdoar por não ter sido o pai que deveria ter sido quando mais importava.

Uma (não) descoberta notável na World Regret Survey envolve pais e mães. Centenas de pessoas descreveram arrependimentos por ter casado com a pessoa errada ou escolhido um(a) parceiro(a) decepcionante, mas menos de vinte em mais de 16 mil se arrependeram de ter tido filhos.[9] Em certo sentido, tanto a ciência comportamental quanto a cultura popular focaram atenção demais no romance e não o bastante em outras formas de conexão familiar. De fato, em 2020, um grupo de mais de quarenta estudiosos internacionais, representando duas dúzias de países, examinaram dados de 27 sociedades em todo o mundo e concluíram que, enquanto publicações acadêmicas estão cheias de pesquisas sobre a busca por um parceiro, pessoas em todo o mundo na verdade "priorizam objetivos relacionados a conexões familiares em detrimento da busca por parceiros".[10] Direcionar mais pesquisa a relacionamentos familiares de longo prazo, que produzem um bem-estar maior e mais duradouro, com menos desvantagens, expandiria nossa compreensão.

George Vaillant, outro psiquiatra de Harvard, chefiou o Estudo Grant por mais de trinta anos. Num manuscrito de 2012 não publicado, ele refletiu sobre o que tinha aprendido com a experiência. Após oito décadas, centenas de participantes, milhares de entrevistas e milhões de pontos de dados, ele disse que poderia resumir a conclusão da análise do florescimento humano de mais longa duração em cinco palavras: "Felicidade é amor. Ponto final".[11]

No fim, o problema com o qual nos deparamos como pessoas é notavelmente simples. O que traz significado e satisfação para nossas vidas são relacionamentos significativos. Mas, quando esses relacionamentos se desfazem, de forma intencional ou não, o que impede que sejam trazidos de volta são sentimentos de constrangimento. Temos medo de pôr a perder nossos esforços para reconectar, de deixar mais desconfortável quem pretendemos abordar. Mas essas preocupações estão quase sempre mal colocadas. Claro, às vezes somos rejeitados. Porém, com mais frequência — com *muito* mais frequência, na verdade —, superestimamos o quão desconcertados vamos nos sentir e subestimamos o quão bem os outros receberão nossas aberturas.

Assim, esse problema simples tem uma solução ainda mais simples. Ponha de lado o constrangimento.

Quando Amy Knobler considera seu arrependimento de porta fechada, ela deseja poder viajar de volta no tempo e sussurrar conselhos a seu "eu" anterior. Ela garantiria à jovem Amy que, "mesmo que haja constrangimento e que seja superdesconfortável e assustador, por outro lado você ficará contente por ter passado por essa experiência, não só porque não terá essas perguntas não respondidas em sua mente, mas também pelo que isso faria pela outra pessoa".

E quando Cheryl Johnson olha para a porta aberta de seu relacionamento com Jen, ela tem um instinto quanto a seu próximo movimento, mesmo que — ao menos por enquanto — não o faça. "Quase sempre é melhor errar por estar presente. Se for estranho, será estranho. Você ficará bem. Mas se não estiver presente, estará perdido para sempre."

Todos os arrependimentos de estrutura profunda revelam uma necessidade e transmitem uma lição. Nos arrependimentos de conexão, é amor. Não apenas no sentido romântico — mas uma versão mais ampla de amor que inclui apego, devoção e comunidade, e que abrange pais, filhos, irmãos e amigos.

A lição das portas fechadas é fazer melhor da próxima vez. A lição das portas abertas é fazer alguma coisa agora. Se um relacionamento que você estima se desfez, telefone. Faça aquela visita. Diga o que sente. Passe por cima do desconforto e vá ao encontro.

"Meus maiores arrependimentos vêm de eu não ter sido mais assertivo em vários momentos da vida quanto a minhas necessidades e meus desejos — educação, relacionamentos, férias, até a comida que é servida em minha casa.

Sexo masculino, 51 anos, Nova Jersey

"Gostaria de ter plantado mais árvores."

Sexo masculino, 57 anos, Reino Unido

"Eu me arrependo de ter deixado minha vida exposta nas redes sociais durante tanto tempo. Às vezes eu a compartilhei demais, e agora me parece que muito de mim está 'lá fora'."

Sexo feminino, 27 anos, Washington

11. Oportunidade e obrigação

No século XX, antes de todo celular ter câmera e todo bolso ter um celular, a fotografia era mais complexa e cara. Vou explicar, garotada.

Naqueles tempos, os fotógrafos tiravam suas fotos em filme. Apertavam um botão para abrir o obturador da câmera, que deixaria por um momento a luz entrar. Esta então interagia com as substâncias químicas do filme para gravar a imagem.

O resultado era um pouco estranho. No filme que os fotógrafos tiravam da câmera, os pontos claros apareciam escuros, e os pontos escuros, claros. Isso era chamado de "negativo" — e era um estágio intermediário no processo de produção. Quando os fotógrafos imprimiam o negativo no papel fotográfico, os claros e escuros se invertiam, e as cores originais eram restauradas.

Arrependimentos funcionam da mesma maneira. Os quatro arrependimentos essenciais operam como um negativo fotográfico da boa vida. Se soubermos do que uma pessoa mais *se arrepende*, poderemos inverter a imagem para revelar o que ela mais *valoriza*.

Assim, o que afinal queremos e do que precisamos?

A estrutura profunda do arrependimento, resumida no quadro a seguir, dá uma resposta.

	Como soa	A necessidade humana que isso revela
Base	Se ao menos eu tivesse feito o trabalho.	Estabilidade
Ousadia	Se ao menos eu tivesse arriscado.	Crescimento
Moral	Se ao menos eu tivesse feito a coisa certa.	Bondade
Conexão	Se ao menos eu tivesse ido a seu encontro.	Amor

Buscamos uma medida de estabilidade — um fundamento razoavelmente resistente de bem-estar material, físico e mental.

Esperamos poder usar parte de nosso tempo limitado para explorar e crescer — perseguindo novidades e sendo ousados.

Aspiramos a fazer a coisa certa — ser e sermos vistos como pessoas boas que honram seus compromissos morais.

Ansiamos por nos conectar com os outros — forjar amizades e um caminho positivo na vida. Uma base sólida. Um pouco de ousadia. Moralidade essencial. Conexões profundas. A emoção negativa do arrependimento revela o caminho positivo de viver.

PODERIA E DEVERIA

Toda vez que você se olha no espelho, vê uma pessoa. Mas, ao semicerrar um pouco os olhos, verá três *eus*.

Essa é a ideia que anima a teoria de motivação que Tory Higgins, psicólogo social da Universidade Columbia, propôs pela primeira vez em 1987. Higgins alegou que todos nós temos um "eu real", um "eu ideal" e um "eu deveria".

Nosso "eu" real é o pacote de atributos que temos hoje. O "eu" ideal é o que acreditamos que *poderíamos* ser — nossas esperanças, nossos desejos e nossos sonhos. E nosso "eu deveria" é o "eu" que acreditamos que *deveríamos* ser — nossos deveres, nossos compromissos e nossas responsabilidades.[1]

Higgins afirma que o que alimenta nosso comportamento e direciona os objetivos que buscamos são discrepâncias entre esses três *eus*. Por exemplo, se meu *eu* ideal é alguém saudável e fisicamente em forma, mas meu *eu* real é sedentário e com excesso de peso, essa brecha poderia me motivar a começar a fazer exercícios. Se meu "eu *deveria*" acredita que deveríamos cuidar de parentes idosos, porém meu *eu* real não visita a avó há seis meses, eu poderia sair do escritório mais cedo e ir visitá-la. No entanto, quando não fazemos esses esforços, quando a discrepância entre quem somos e o que poderíamos ou deveríamos ser persiste, somos tomados por sentimentos desagradáveis.

Em 2018, Shai Davidai, da New School for Social Research, e o onipresente Thomas Gilovich usaram a teoria de Higgins para analisar o arrependimento. Expandindo a pesquisa anterior de Gilovich, que demonstrava que com o tempo as pessoas se arrependem mais da inação do que da ação, eles conduziram seis estudos que chegaram a uma única conclusão: as pessoas se arrependem de suas falhas ao vivenciar seus *eus* ideais mais do que ao vivenciar seus *eu deveria*.

A razão provável são as consequências emocionais contrastantes entre esses dois sabores de arrependimento. Discrepâncias entre nosso "eu" real e nosso "eu" ideal nos deixam chateados. Mas, discrepâncias entre nosso "eu" ideal e nosso "eu deveria" nos deixam *agitados* — e, portanto, mais propensos a agir. Sentimos um senso de urgência maior em nossos arrependimentos relacionados a algo que tínhamos de fazer, assim é mais provável que comecemos uma ação reparadora — desfazendo um comportamento do passado, pedindo desculpas a quem agimos de forma errada ou aprendendo com nossos erros.[2] O que "poderíamos" fazer nos incomoda por mais tempo do que aquilo que "deveríamos" fazer, porque acabamos corrigindo muitos dos "deveríamos".*

Essa análise oferece outra janela para a estrutura profunda do arrependimento. Quando fracassamos ao nos tornar nossos *eus* ideais, falhamos em buscar *oportunidades*. Quando o fazemos ao nos tornarmos nossos *eus deveria*, falhamos no cumprimento de *obrigações*. Todos os quatro arrependimentos essenciais envolvem oportunidade, obrigação ou ambos.

Por exemplo, arrependimentos de ousadia — *se ao menos eu tivesse assumido aquele risco* — são totalmente sobre oportunidades que não aproveitamos.[3] Arrependimentos de base — *se ao menos eu tivesse feito esse trabalho* — também

---

* Essa ideia surge no livro *Antes de partir: Os 5 principais arrependimentos que as pessoas têm antes de morrer*, de 2012, no qual uma enfermeira que trabalha numa clínica de idosos, Bronnie Ware, registrou os arrependimentos de alguns de seus pacientes. Um de bastante destaque envolvia os pacientes lhe contarem que "eu gostaria de ter tido coragem de viver uma vida fiel a mim mesmo, e não a que os outros esperavam de mim".

têm muito a ver com oportunidades (de educação, saúde, bem-estar financeiro) das quais não fomos atrás. Arrependimentos de conexão — *se ao menos eu tivesse ido ao encontro de* — são uma mistura dos dois, pois envolvem oportunidades de amizades que não desenvolvemos e obrigações com familiares e outras pessoas que negligenciamos. Arrependimentos morais — *se ao menos eu tivesse feito a coisa certa* — têm a ver com obrigações que não cumprimos.

O resultado é que oportunidade e obrigação estão no centro do arrependimento, mas a primeira está na primeira fila. Isso também ajuda a explicar por que costumamos nos arrepender mais daquilo que não fizemos do que daquilo que fizemos. Como escreveram Neal Roese e Amy Summerville, "arrependimentos por inação duram mais do que por ação, em parte porque refletem melhor a percepção de oportunidade".[4]

A importância da oportunidade ficou mais clara quando eu reexaminei os dados que coletei no American Regret Project, a parte quantitativa da minha pesquisa. O tamanho e a amplitude dela me permitiram investigar diferenças entre subgrupos. Arrependimentos de mulheres diferem dos de homens? Negros têm arrependimentos diferentes dos brancos? Arrependimentos de vida dependem de ser rico ou pobre?

A resposta curta é que essas diferenças entre grupos não são enormes. A longa e mais intrigante é que as diferenças que surgiram reforçam a centralidade da oportunidade como impulsionadora de arrependimentos.

Considere, por exemplo, o nível de educação de quem participou da pesquisa. Pessoas com diplomas universitários tendiam a ter mais arrependimentos ligados a carreira do que quem não os tinha. A princípio, isso pode parecer surpreendente. Ter um diploma universitário costuma permitir que as pessoas tenham um leque maior de opções profissionais. Porém, pode ser exatamente por isso que quem tem formação universitária tem mais arrependimentos profissionais. Suas vidas lhes apresentaram mais oportunidades — e, portanto, um universo maior de oportunidades perdidas.

A renda apresenta um padrão semelhante. Não surpreende que arrependimentos relacionados a finanças estão fortemente ligados à renda doméstica — quanto mais baixa, é mais provável que alguém tenha esse sentimento de cunho financeiro. Porém arrependimentos relacionados a carreiras vão na direção *contrária*. Isto é, quanto mais alta a renda, mais provável que alguém tenha esse sentimento ligado a carreira. De novo, mais oportunidades podem gerar mais arrependimentos por oportunidades perdidas.

Os relacionados a educação aparecem mais entre quem frequentou uma faculdade, mas não se formou. Para uma em cada quatro pessoas desse grupo, educação era o motivo de seu maior arrependimento. Nesse caso, uma oportunidade frustrada pode ter sido o motivo.

Esse também é o provável motivo para a única brecha de cunho racial que surgiu na pesquisa. As diferenças raciais quase não afetaram os arrependimentos — exceto numa dimensão. Pessoas não brancas tiveram mais arrependimentos ligados a educação do que pessoas brancas, o que provavelmente é explicado pelas disparidades raciais no acesso a oportunidades educacionais nos Estados Unidos.

A idade também mostrou a importância — e o paradoxo — da oportunidade. No American Regret Project, pessoas com vinte anos tinham o mesmo número de arrependimentos de ação e de inação. Mas, à medida que se envelhece, os arrependimentos de inação começam a dominar. Aos cinquenta anos, arrependimentos por inação eram o dobro dos por ação. De fato, segundo os dados, a idade era de longe o preditor mais forte de arrependimentos por inação. Quando o universo de oportunidades que têm diante delas decai (como acontece com os mais idosos), as pessoas parecem se arrepender do que não fizeram.

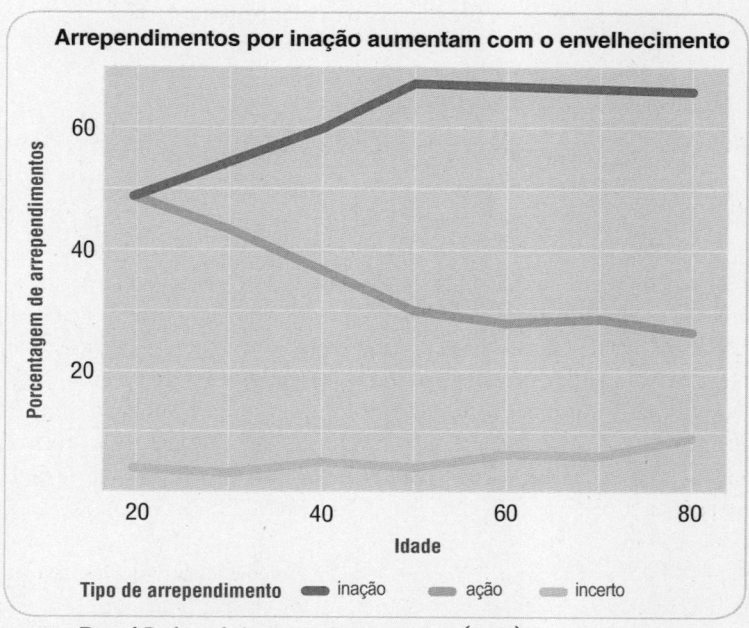

FONTE: Daniel Pink et al. American Regret Project (2021).

Mas eles também buscam oportunidades em lugares diferentes. Por exemplo, entre os trinta e os 65 anos, arrependimentos ligados a carreira e finanças aparecem mais — provavelmente porque, nessa fase da vida, ainda existem oportunidades nessas áreas. Mas, à medida que as pessoas ficam mais idosas, elas tendem a ter menos arrependimentos ligados a educação, saúde e carreira — e mais relativos à família. Um motivo: aos setenta anos, as oportunidades de se obter um doutorado, começar uma nova carreira ou compensar décadas de uma vida desregrada são mais limitadas. Essas portas estão fechadas. Mas a oportunidade de se reconciliar com o irmão do qual se distanciou antes de morrer ainda existe. Essa porta continua aberta.

Diferenças entre homens e mulheres não são grandes, mas estão presentes. Por exemplo, homens são mais propensos a ter arrependimentos ligados a carreira. Cerca de um a cada cinco homens expressou arrependimentos nessa categoria, em oposição a 12% das mulheres. Em contraste, mulheres tendem mais a ter arrependimentos ligados a família — 24% das mulheres, contra 18% dos homens. A pesquisa não tinha perguntas que pudessem dar uma explicação definitiva disso. Mas podemos especular que os homens, na média, tendem a valorizar mais oportunidades profissionais, enquanto as mulheres, em média, tendem a valorizar mais oportunidades de relacionamento.*

---

* Uma diferença de gênero que aparece na pesquisa envolve arrependimentos sexuais. Um estudo de 2013 conduzido por Andrew Galperin e Martie Haselton, da UCLA, descobriu que, em geral, arrependimentos sexuais masculinos falam de inação — pessoas com as quais eles não transaram —, enquanto os femininos costumam envolver ação — pessoas com as quais elas transaram. Da mesma forma, Neal Roese demonstrou que arrependimentos românticos masculinos costumam envolver inação, enquanto os femininos estão divididos de forma mais equilibrada entre ação e inação. Em Andrew Galperin, Martie G. Haselton, David A. Fredericj, Joshua Porre, William Hippel, David M. Buss e Gian C. Gonzaga. "Sexual Regret: Evidence for Evolved Sex Differences". *Archives of Sexual Behavior*, v. 7, n. 42, 2013, pp.1145-61; Neal J. Roese, Ginger L. Pennington, Jill Coleman, Maria Janicki, Norman P. Li, e Douglas T. Kenrick. "Sex Differences in Regret: All for Love or Some for Lust?". *Personality and Social Psychology Bulletin*, v. 32, n. 6, 2006, pp.770-80.

SONHOS E DEVERES

Nós nos arrependemos de oportunidades perdidas com mais frequência do que de obrigações não cumpridas. Mas também sabemos que uma vida totalmente realizada envolve uma mistura de sonhos e deveres.[5] O negativo fotográfico que o arrependimento oferece deixa claro que o fato de ser plenamente humano combina os sonhos que temos para nós e os deveres que temos com os outros.

Uma vida de obrigação e sem oportunidade é limitada. Uma de oportunidades e sem obrigações é vazia. Uma que funde oportunidades e obrigações é verdadeira.

Como construir uma vida assim transformando seus arrependimentos atuais e antecipando os futuros é o assunto do restante deste livro.

Parte III

Arrependimento refeito

"Eu parei de tratar bem a Jessica e, quando ela ficou menstruada na escola, o que durou três dias, eu a chamei de *Bloody Mary* [Maria Sangrenta]."

Sexo feminino, 39 anos, Carolina do Norte

"Eu me arrependo de cada beijo que poderia ter dado em minha mulher e não dei por estar ocupado demais durante nossos 62 anos de casamento, antes de ela morrer de covid."

Sexo masculino, 84, Texas.

"Eu me arrependo de não ter aprendido a tocar um instrumento. Agora me dou conta de que é uma aptidão valiosa, mesmo que você não seja um músico praticante."

Sexo feminino, 77 anos, Japão

12. Reparações e "pelo menos"

Jeff Bosley só estava tentando parecer descolado.

Ele tinha se alistado no Exército dos Estados Unidos aos 29 anos, e era agora o recruta mais velho em Fort Bragg — mais velho até que seu sargento. Ele queria se enturmar. Assim, uma noite, ele e alguns camaradas deixaram a base, foram até a cidade e entraram num estúdio de tatuagem.

Jeff estava buscando uma imagem ou expressão que impressionasse seus companheiros, um símbolo de "supermacho", como ele dizia, que transmitisse sua filosofia de guerreiro. Escolheu o braço esquerdo como o lugar da tatuagem porque "é o braço que eu vejo quando estou segurando o cano de meu fuzil".

O tatuador abriu o Word num computador, e eles escolheram a fonte Papyrus. Por cem dólares, o tatuador gravou nove letras pretas no braço esquerdo de Jeff:

NO REGRETS

Jeff serviu no Exército por aproximadamente uma década e se tornou um boina-verde. Findo o serviço militar, trabalhou como bombeiro em Colorado Springs, Colorado. Durante essa fase, depois de doze anos, ele e a mulher se divorciaram. E, quando o casamento acabou, Jeff descobriu algo sobre si mesmo: *tinha muitos arrependimentos*. Ele se arrependia de não ter levado a faculdade — oito anos, duas instituições, nenhuma graduação — mais a sério;

de ter magoado sua mulher ao pedir o divórcio; de nunca ter seguido sua paixão por atuação.

Catorze anos depois da impetuosa decisão daquela noite, Jeff se deu conta de que sua tatuagem não era apenas desinteressante. (A fonte Papyrus é a "mais sem graça e clichê que eu poderia ter escolhido", ele me disse.) Também era mentira.

"O arrependimento é uma coisa", disse Jeff quando conversávamos. "Eu tenho arrependimentos. Eles me preenchem. É ruim, mas eu gosto disso mais do que de gente que diz 'sem arrependimentos' ou 'não tenho arrependimentos'."

Encorajado por esses arrependimentos, ele se mudou do Colorado para o sul da Califórnia, onde hoje ganha a vida como ator. E, instigado pelo constante lembrete de uma crença na qual não mais acredita, ele decidiu remover a tatuagem. O processo é doloroso, leva tempo e é caro. Envolve sessões regulares de laser num consultório dermatológico e custa mais de dez vezes o valor original.

"Toda vez que vou ao consultório, se quem me atende é uma enfermeira nova, digo: 'Já entendi'. Para mim, a piada ainda tem graça."

O que fazemos com nossos arrependimentos? Se eles nos fazem humanos, como usá-los para nos tornar pessoas melhores, mais satisfeitas?

O ponto de partida é revisitar uma das distinções-chave na arquitetura desse sentimento: a diferença entre arrependimentos por ação e por inação — entre aqueles que sentimos pelo que fizemos daqueles que sentimos pelo que não fizemos. Os primeiros são menos predominantes. E, neste curto capítulo, vou explicar como você os transforma para arrumar o presente. No capítulo seguinte, vou assumir um desafio mais complexo — como você pode transformar as duas variedades de arrependimento para melhorar seu futuro.

Para arrependimentos por ação, sua meta inicial devia ser mudar a situação imediata para melhor. Nem sempre é possível, mas temos duas maneiras de avançar em direção a esse objetivo. Podemos desfazer muitos desses arrependimentos: fazer emendas, reverter escolhas ou apagar as consequências. Pense em Jeff e em sua tatuagem que está sumindo. Algo que pode nos ajudar a nos sentir melhor quanto a nossa situação é responder a arrependimentos por ação usando *ao menos*. Nenhuma medida ajuda muito a nos preparar para depois, mas ambas podem nos ajudar a nos realinhar agora.

PASSO 1. FAÇA REPARAÇÕES

Suponha que você dê um tapa no rosto do seu melhor amigo sem que ele o tenha provocado, ou que em um funeral você diga algo sarcástico sobre o morto para os parentes dele. Você provavelmente se arrependeria. É o que faria a maioria de nós. Mas apenas alguém no ramo do entretenimento veria nessas indiscrições a semente para um programa de televisão.

Het Spijt Me foi um programa que estreou na televisão holandesa em 1993 e continuou a ser exibido durante vinte anos. O formato básico (em português, o título seria "Eu sinto muito") incluía dois protagonistas. O primeiro era alguém com um arrependimento — digamos, que bateu na melhor amiga. O segundo era quem havia sido injustiçado — a que recebeu o tapa.

Na versão original, a pessoa arrependida, sentada num sofá, no estilo talk show, diante de uma plateia, contaria ao anfitrião do programa *Het Spijt Me* sobre seu arrependimento. Depois, veriam um filme dos produtores que acompanhava quem motivou o arrependimento para ouvir seu lado da história e perguntar se aceitaria um pedido de desculpas. Como era na Holanda, sempre tinha flores.

Se o pedido de desculpas fosse aceito, quem causou o arrependimento passaria por portas deslizantes e cumprimentaria a pessoa arrependida no palco. (Em outras versões, a pessoa arrependida esperava na frente da casa de quem a perdoou.) Quando eram feitas as pazes, lágrimas escorriam e abraços eram trocados.

Três pesquisadores holandeses, liderados pelo psicólogo social Marcel Zeelenberg, um importante estudioso do arrependimento, analisaram duas temporadas de *Het Spijt Me* para determinar o que as pessoas buscavam reverter. Descobriram que, no programa, bem como em partes não televisionadas da vida, as pessoas têm mais tendência a resolver arrependimentos de ação do que de inação.[1] Somos mais aptos a corrigir o que fizemos do que o que não fizemos.

Os motivos são muitos. Como vimos nos capítulos 8 e 9, arrependimentos por ação costumam surgir de incidentes concretos e suscitam emoções "calorosas" às quais respondemos rapidamente. Arrependimentos por inação, por outro lado, são com frequência mais abstratos e suscitam emoções menos intensas de imediato.

Além disso, muitos arrependimentos por inação são inerentemente difíceis de serem resolvidos. Se eu, aos vinte anos, me arrepender de não ter estudado o bastante no ensino médio, não poderei me matricular de novo no primeiro ano. Minha única opção é focar no futuro.

Mas, com arrependimentos por ação, ainda tenho a chance de recalibrar o presente — apertando Ctrl+Z em meu teclado existencial.* Por exemplo, nos arrependimentos morais, que muitas vezes envolvem ações como praticar bullying contra um garoto mais fraco, trair um cônjuge ou insultar um colega de trabalho, uma forma de fazer emendas é pedir desculpas. Como escreveu o grande sociólogo Erving Goffman, desculpas são "admissões de culpa e arrependimento por um evento indesejável que permitem que atores tentem obter perdão das audiências".[2] Se esse perdão é concedido, o débito emocional e moral do passado é reduzido, o que reequilibra ao menos em parte o livro-razão.

Quando reparamos o que fizemos, melhoramos nossa situação atual. Isso ajuda. Mas reparar um arrependimento não é a mesma coisa que apagá-lo. Jeff Bosley me disse que, depois de muitas sessões de remoção da tatuagem, já não era possível ler as palavras gravadas em seu braço esquerdo, mas elas não tinham desaparecido completamente. "Agora, é quase como se fosse um leve hematoma", ele diz.

Assim, para tratar de arrependimentos de ação, comece se fazendo as seguintes perguntas:

- Se magoei outras pessoas, que é com frequência o que acontece com arrependimentos morais e, às vezes, com os de conexão, será que posso emendar isso pedindo desculpas ou com outra forma de compensação emocional ou moral?
- Se magoei a mim mesmo, como é o que acontece com muitos arrependimentos de base, posso corrigir o erro? Por exemplo, posso começar a pagar uma dívida ou fazer hora extra no trabalho? Posso encontrar agora alguém com quem cortei a conexão?

---

* Como sou usuário de Mac, no teclado e na vida, posso apertar também Command+Z.

Se o arrependimento de ação pode ser reparado, tente fazer isso — mesmo que permaneça uma leve ferida física ou metafórica. Mas se não pode, não tenha medo. Você tem outra possibilidade.

PASSO 2. FAÇA USO DO "PELO MENOS"

O outro modo de tratar o presente é não reparar nossas ações anteriores, mas reformatar o modo como pensamos nelas. Permita-me oferecer um exemplo meu.

Trinta anos atrás, recém-saído da faculdade, frequentei uma escola de direito. Eu me arrependo disso. Não foi uma calamidade. Foi apenas uma decisão ruim. Se ao menos eu tivesse feito uma escolha mais sensata, talvez esperado mais tempo para decidir ou escolhido uma trajetória completamente diferente, eu poderia ter dedicado esses anos a empreendimentos mais gratificantes e melhores para o mundo — e eu teria tido menos dificuldade nos primeiros anos de minha vida profissional. Porém, também conheci minha mulher no curso, o que foi um triunfo glorioso para o meu bem-estar. Não posso reparar um arrependimento de ação como esse, mas um modo de aliviar sua ferroada é mudar o *se ao menos...* para *pelo menos*. Cursar direito foi um erro — mas *pelo menos* conheci minha mulher.

O *pelo menos* não altera nosso comportamento ou melhora nosso desempenho no futuro, mas ajuda a reavaliar o presente. Por exemplo, várias mulheres na World Regret Survey mencionaram seu casamento com um marido anterior como seu maior erro. Mas as que se tornaram mães nesse casamento amavam muito os filhos que vieram desse matrimônio mal resolvido.

"Eu me arrependo de ter casado com um perdedor", diriam, "mas pelo menos tive filhos ótimos." Encontrar um lado positivo não nega a existência de um lado sombrio. Mas oferece outra perspectiva.

E, embora o *pelo menos* possa ser útil para arrependimentos significativos, como os que vêm de escolhas matrimoniais equivocadas, são especialmente úteis quando aplicados a arrependimentos irritantes que ficam fora das quatro categorias. Por exemplo, suponha que você comprou recentemente um carro novo, mas agora se arrepende da decisão e gostaria de ter comprado um de outra marca e modelo. Assumindo que é seguro e funcional, o tipo de carro que você está dirigindo tem pouco peso em sua felicidade e satisfação duradouras. Na verdade, seja qual for o carro que temos, simples ou de luxo, nos acostumamos com ele muito rápido.[3] Assim, embora possa estar tentando obter uma lição para o futuro a partir do arrependimento — na próxima vez consulte com mais cuidado o guia do consumidor antes de adquirir um veículo —, deveria também pensar no lado positivo da compra. Pense em como poderia ter sido pior. "Pelo menos fiz um bom negócio." "Pelo menos não comprei a outra marca e modelo, que tem muito menos espaço no porta-malas." "Pelo menos já está pago."

O *pelo menos* pode transformar um arrependimento em um alívio. Por si mesmo ele não muda nosso comportamento, mas altera a maneira como nos sentimos em relação a esse comportamento, o que pode ser valioso. E, como o *pelo menos* vem com menos frequência à nossa mente do que o *se ao menos*, temos de convocá-lo nós mesmos no momento certo. *Pelo menos* funciona como um antibiótico. Às vezes temos de vasculhar o armário de remédios e tomar alguns para fortalecer nosso sistema imunológico psicológico e manter afastadas algumas emoções danosas.[4] Se usarmos esse antibiótico demais, sua eficácia desaparecerá. Se o usarmos com inteligência, pode nos ajudar a ter um desempenho saudável.

Assim, se arrependimentos de ação o estão colocando para baixo, pergunte a si mesmo:

- Como a decisão da qual me arrependo agora poderia se tornar pior?
- Qual é o lado positivo dessa decisão?
- Como eu completaria a seguinte sentença: "Pelo menos..."?

Quando eu estava escrevendo este livro, Jeff ainda estava desfazendo seu arrependimento com o lento e doloroso processo de remover a tatuagem. Isso ainda ia demandar várias sessões e mais dinheiro.

Pelo menos ele não tinha escolhido uma letra maior.

"Ter dedicado meu tempo aos estudos para a mente (racional) e ter deixado de lado o conhecimento das emoções e dos sentimentos."

Sexo feminino, 40 anos, Brasil

"Eu me arrependo de ter ignorado minha voz interior e não seguido seu desejo por ser mais aventureira (mudando de país, trocando de emprego quando o chefe é um saco) e de ter tentado corresponder às expectativas da sociedade em vez de focar em mim mesma."

Sexo feminino, 47 anos, Cingapura

"Eu me arrependo de ter pegado um maço de cigarros Camel a caminho de uma difícil reunião de negócios em 1999. Fumo até hoje — às vezes muito —, mais por hábito do que por prazer."

Sexo masculino, 44 anos, West Virginia

13. Revelação, compaixão e distância

Na última vez que nos encontramos, Cheryl Johnson estava lutando com um arrependimento de conexão. Tinha deixado que uma boa amizade com Jen, uma colega de faculdade, ficasse à deriva durante duas décadas e sentia falta da proximidade e da camaradagem de que tinham desfrutado. Seu arrependimento era de inação, assim ela não poderia desfazê-lo, pois não há como reverter um buraco de 25 anos. Tampouco poderia usar o *pelo menos* e dizer: "Nossa amizade evaporou, mas pelo menos não tivemos uma briga feia", o que não ofereceria muito consolo ou um ajuste significativo do presente.

A melhor resposta de Cheryl — e a resposta espiritual para a maioria dos arrependimentos, tanto de ação quanto de inação — é usar o sentimento para melhorar o futuro. Se olharmos para trás com a intenção específica de seguir em frente, podemos converter nossos arrependimentos em combustível para esse progresso. Eles podem nos levar a escolhas mais sensatas, a um melhor desempenho e a dar mais significado às coisas. E a ciência nos mostra como.

Em vez de ignorar a emoção negativa do arrependimento — ou pior, ficar remoendo —, podemos lembrar que sentimento é para pensar, e pensamento é para agir. Seguindo um processo direto de três etapas, podemos revelar o arrependimento, reenquadrar o modo como o vemos e a nós mesmos e extrair uma lição da experiência para refazer nossas decisões subsequentes.

PASSO 1. AUTORREVELAÇÃO: REVIVA E ALIVIE

Macacos construíram sociedades incrivelmente complexas, mas ainda não montaram banco central que imprima e distribua dinheiro. Assim, quando primatólogos tentam quantificar quanto valem os macacos, eles introduzem o que chamam de "moeda líquida" — e o que nós, não primatólogos, chamamos de suco. Ao medir de quanto suco de frutas os macacos precisam para se comportar do modo que os pesquisadores querem e o quanto estão dispostos a sacrificar para se comportar do modo que os macacos querem, os cientistas podem precificar as prioridades dos primatas.

Antes, na Universidade Duke, Robert Deaner, Amir Khera e Michael Platt ajudaram a desenvolver uma técnica que foi usada em 2005 para medir o quanto um grupo de macacos machos valorizava sinais de status e sexo. Os pesquisadores descobriram que, se quisessem que os macacos olhassem para fotos de um animal de status baixo, eles tinham de suborná-los com muito suco. Mas fotos de macacos de status alto e de traseiros de fêmeas eram tão atraentes que os animais estavam dispostos a *renunciar* ao suco para poder dar uma olhada nelas. Em outras palavras, exigiam "pagamento líquido" para ver macacos não importantes, mas estavam dispostos a "pagar" para olhar para macacos poderosos ou atraentes — o que sugere que esses animais dão valor a marcadores de dominância e de boa forma sexual.[1]

Em 2012, os psicólogos Diana Tamir, agora na Universidade Princeton, e Jason Mitchell, da Universidade Harvard, usaram uma versão modificada dessa técnica para entender o que estes parentes próximos dos macacos — os seres humanos — valorizam mais. Num estudo, Tamir e Mitchell apresentaram aos participantes três opções: revelar o que achavam de si mesmos, julgar o que outras pessoas achavam ou responder a perguntas triviais. E ofereceram como pagamento quantias variadas para cada atividade. Em 195 testes, as preferências das pessoas foram claras. Elas *adoraram* falar sobre si mesmas — tanto que estavam dispostas a receber uma quantia bem menor para se comportar dessa forma, e não de outra. "Assim como macacos estão dispostos a renunciar a recompensas em forma de suco para olhar para companheiros de grupo dominantes [...], indivíduos estavam dispostos a renunciar a dinheiro para revelar coisas sobre si mesmos", escreveram Tamir e Mitchell.[2]

Depois, ao usar ressonância magnética funcional para observar o que acontecia no cérebro dos participantes, eles viram que quem revelava informação sobre si mesmo tinha maior ativação nas regiões que reagem a comida, a dinheiro e a sexo (núcleo accumbens e área tegmental ventral). Os pesquisadores concluíram que o estudo "forneceu evidência tanto comportamental quanto neural de que a autorrevelação é intrinsecamente gratificante".[3]

O primeiro passo para listar todos os arrependimentos, sejam de ação ou de inação, é a autorrevelação. Muitas vezes evitamos revelar informações negativas sobre nós para outras pessoas. Parece ser algo constrangedor, até mesmo vergonhoso. Mas uma literatura enorme deixa claro que revelar nossos pensamentos, nossos sentimentos e nossas ações — compartilhando com os outros ou simplesmente escrevendo sobre isso — traz diversos benefícios físicos, mentais e profissionais. Essa autorrevelação está ligada a uma baixa na pressão arterial, a melhores notas, ao desenvolvimento de habilidades para lidar com problemas e mais.[4] De fato, Tamir e Mitchell afirmam que "nossa espécie pode ter uma vontade intrínseca de revelar seus pensamentos aos outros".[5]

A autorrevelação é especialmente útil para arrependimentos. Negá-los onera nossas mentes e nossos corpos. Agarrá-los forte demais pode nos fazer cair numa ruminação danosa. A melhor abordagem é reviver e aliviar. Ao compartilhar um arrependimento, reduzimos parte de seu fardo, o que pode abrir caminho para perceber melhor seu sentido.

Por exemplo, psicólogos como Sonja Lyubomirsky, da Universidade da Califórnia, Riverside, concluíram estudos que sugerem que pessoas deveriam processar experiências negativas e positivas de maneiras diferentes. Nessa pesquisa, escrever sobre experiências negativas como o arrependimento e até mesmo falar num gravador sobre elas por quinze minutos diários aumentava de modo substancial a satisfação geral com a vida e melhorava o bem-estar físico e mental de um jeito que apenas pensar sobre isso não conseguia. Mas, para experiências positivas, o inverso é que era verdadeiro: escrever e falar sobre triunfos e de períodos bons exauria parte da positividade.[6]

A explicação — e o motivo pelo qual a autorrevelação é tão crucial para lidar com o arrependimento — é que a linguagem, escrita ou falada, nos obriga a reorganizar e integrar nossos pensamentos. Ela converte abstrações mentais imprecisas em unidades linguísticas concretas. Isso é bom para emoções negativas.[7]

Reiterando, o arrependimento pode nos tornar pessoas melhores quando usamos as emoções como um sinal para nossos pensamentos. Ao tomar o sentimento como algo para pensar, e pensamento como algo para agir, o arrependimento pode realizar sua mágica de aprimorar a tomada de decisões, melhorar o desempenho e aprofundar o significado. Escrever sobre arrependimentos ou revelá-los para outra pessoa move a experiência do âmbito da emoção para o da cognição. Em vez de esses sentimentos desagradáveis ficarem voando de maneira incontrolável, a linguagem nos ajuda a capturá-los em nossa rede, fixá-los e começar a analisá-los. Em contraste, a mesma abordagem no caso das experiências positivas é menos eficaz. Para momentos felizes, é bom evitar a análise e a tentativa de lhes dar um sentido para manter o encanto e a delícia desses momentos. Dissecar eventos terríveis pode diminuir seu terror.[8]

Um medo que temos com a autorrevelação, em especial se estamos evidenciando momentos nos quais fracassamos por falta de prudência, confiança ou coragem, é que os outros pensem mal de nós. Mas isso é uma preocupação muito menor do que achamos que é. Claro que sempre é possível ir longe demais. Compartilhar detalhes íntimos sobre você mesmo pode constranger os outros. Mas a evidência demonstra que a autorrevelação constrói afinidade com muito mais frequência do que suscita julgamentos. Uma grande revisão da literatura concluiu que "pessoas que se envolvem em revelações íntimas tendem a ser tomadas em *mais* alta conta do que quem se revela menos".[9]

Se você se incomoda com o que os outros podem pensar de você, não precisa revelar seu arrependimento a ninguém a não ser você mesmo. O trabalho inovador do psicólogo social James Pennebaker, da Universidade do Texas, que teve início na década de 1990 e foi expandido por ele e por outros estudiosos nos últimos trinta anos, demonstrou que o simples ato de escrever sobre dificuldades emocionais, mesmo que apenas para seu próprio consumo, pode ser algo poderoso. Entre os benefícios: menos consultas médicas, melhoria do humor a longo prazo, fortalecimento da imunidade, notas melhores no caso de estudantes, maior facilidade de encontrar emprego no caso de desempregados, entre outros.[10] Ademais, Pennebaker determinou que esses benefícios têm ampla disseminação: "O fenômeno da autorrevelação parece ser generalizado em vários cenários, em muitos fatores de diferença individual e em várias culturas ocidentais, e é independente de feedback social".[11]

O passo inicial para lidar com todas as formas de arrependimento é revelar o sentimento. Cheryl Johnson fez isso — primeiro ao completar a World Regret Survey, depois ao conversar comigo sobre a forte amizade que não tinha conseguido manter. Em nossa conversa, ela me disse que nunca havia contado a ninguém a história completa e que tê-lo feito trouxera um momento de clareza e certo alívio.

A autorrevelação é intrinsecamente gratificante e extrinsecamente valiosa. Ela pode aliviar nosso fardo, tornar mais concretas emoções negativas abstratas e construir afiliação. Assim, para começar a aproveitar seus arrependimentos para melhorar no futuro, tente qualquer uma das medidas a seguir:

- Escreva sobre seu arrependimento durante quinze minutos, por três dias seguidos.
- Fale sobre seu arrependimento num gravador durante quinze minutos, por três dias seguidos.
- Conte a outras pessoas sobre o arrependimento, ao vivo ou por telefone. Inclua muitos detalhes do que aconteceu, mas estabeleça um tempo-limite (talvez meia hora) para evitar a repetição e a ruminação.

PASSO 2. AUTOCOMPAIXÃO: NORMALIZE E NEUTRALIZE

Depois de revelar seu arrependimento, você está exposto — a si mesmo e aos outros. E, uma vez assim, você deve escolher como lidar com isso. Você se autodeprecia? Ou infla o próprio ego? O que funciona mais — começar uma rodada de autocrítica ou buscar suas reservas de autoestima?

A resposta, afinal, é nem uma coisa, nem outra.

Como alguém que tem um compromisso inflexível com a autocrítica e leva toda a vida aprimorando a técnica, eu fiquei surpreso quando fui buscar evidência dessa efetividade. Não existe muita. A autocrítica às vezes pode motivar nosso desempenho quando a fazemos por causa de determinadas ações, e não por tendências profundamente arraigadas. No entanto, a menos que seja gerenciada e contida com cuidado, a autocrítica pode se tornar uma forma de sinalizar uma virtude direcionada para dentro. Ela projeta dureza e ambição, mas muitas vezes leva a ruminação e a desesperança, em vez de a uma ação produtiva.[12]

Seu oposto, a autoestima, pode ser mais efetivo. Altamente valorizada em certos círculos de pais e educativos, nos quais jorram elogios e brilham troféus de participação, a autoestima mede o quanto você valoriza a si mesmo. O quanto se sente bem com quem você é? Quão favoravelmente você avalia suas características e seus comportamentos? Por exemplo, nas pesquisas, pessoas com alta autoestima se dão notas altas para suas aparências, seus cérebros e sua popularidade — enquanto pessoas com baixa autoestima fazem a avaliação oposta. (Curiosamente, nenhuma avaliação tem relação com quão inteligente, atraente ou popular alguém de fato é.)[13] Todos precisamos de algum nível básico de autoestima para sobreviver hoje e florescer amanhã. E esforços para incrementá-la podem melhorar o desempenho e diminuir a depressão e a ansiedade.

Mas a autoestima traz desvantagens. Como oferece uma afirmação indiscriminada desconectada de uma atuação autêntica, pode fomentar o narcisismo, diminuir a empatia e tornar alguém agressivo. Criminosos, por exemplo, têm mais autoestima do que a população em geral. Ela também pode promover um viés positivo em relação ao próprio grupo e preconceito em relação a outros.[14] Como a autoestima é comparativa, para avaliar a minha de forma favorável, muitas vezes tenho de subavaliar outras. É devido a esses defeitos que alguns dos melhores cientistas sociais dos últimos cinquenta anos — entre eles Edward Deci, Richard Ryan e o falecido Albert Bandura — exploravam há muito tempo alternativas para a autoestima.

A mais poderosa e promissora — e o segundo passo no processo de acertar contas com o arrependimento — teve como pioneira, vinte anos atrás, a psicóloga Kristin Neff, da Universidade do Texas. Chama-se "autocompaixão".

A autocompaixão surgiu em parte do reconhecimento por Neff de que, quando tropeçamos ou falhamos, tratamos a nós mesmos de modo mais duro do que trataríamos amigos, familiares ou até estranhos em igual situação. Ela demonstrou que isso é contraproducente. Em vez de diminuir a nós mesmos ou de nos repreender em momentos de frustração e fracasso, o melhor seria estender a nós mesmos a cordialidade e compreensão que ofereceríamos a outra pessoa. A autocompaixão começa por substituir um julgamento rigoroso pela simples gentileza. Ela não ignora nossas lambanças nem negligencia nossas fraquezas. Ela simplesmente reconhece que "ser imperfeito, cometer erros e encontrar dificuldades na vida é parte da experiência humana compartilhada".[15]

Ao *normalizar* experiências negativas, nós as *neutralizamos*. A autocompaixão nos encoraja a tomar o caminho do meio ao lidar com emoções negativas — sem descartá-las, mas sem exagerar nem se identificar demais com elas.

A autocompaixão também é algo que as pessoas podem aprender.[16] E, quando a dominam, os benefícios são consideráveis. Uma pesquisa de Neff e de outros pesquisadores descobriu que a autocompaixão está associada a maior otimismo, felicidade, curiosidade e sabedoria;[17] a um aumento da iniciativa pessoal e da inteligência emocional;[18] a maior solidez mental;[19] e a conexões sociais mais profundas.[20] Pode proteger contra divagações mentais improdutivas[21] e ajudar estudantes a lidar com o fracasso acadêmico.[22] Também está correlacionada a menos depressão, ansiedade, estresse, perfeccionismo e vergonha[23] — e reduz sintomas de transtorno de estresse pós-traumático.[24] Uma meta-análise de mais de noventa estudos, em 2019, mostrou que a autocompaixão pode até mesmo promover uma saúde física melhor, inclusive incrementar a imunidade.[25]

Em certo sentido, a autocompaixão concede os benefícios da autoestima sem seus efeitos contrários. Pode nos isolar das consequências debilitadoras da autocrítica, enquanto promove um curto-circuito na necessidade da autoestima de se sentir bem usando a vaidade e a comparação.

Seus poderes são especialmente evidentes no arrependimento. Em 2016, as psicólogas Jia Wei Zhang, hoje na Universidade de Memphis, e Serena Chen, da Universidade da Califórnia, em Berkeley, exploraram o efeito da autocompaixão ao ajudar pessoas a superar e aprender com seus arrependimentos. As pesquisadoras recrutaram várias centenas de participantes e pediram que cada um listasse seus maiores arrependimentos.

Depois, os dividiram de forma aleatória em três grupos. No primeiro, eles escreveram uma carta para si mesmos sobre seu arrependimento "a partir de uma perspectiva de autocompaixão e compreensão". No segundo, escreveram sobre o mesmo tema "a partir de uma perspectiva de validar suas qualidades positivas (e não as negativas)". O terceiro grupo, que serviu de controle, escreveu sobre algum hobby.

As pessoas que avaliaram seu arrependimento com autocompaixão eram mais propensas a mudar seu comportamento do que as que o consideraram com autoestima. Mesmo essa modesta intervenção em forma de escrita levou as pessoas a planejar modos de evitar o comportamento no futuro — independente de se o arrependimento envolvia ação ou inação. "Parece que a autocompaixão orienta as pessoas a abraçarem seu arrependimento", escrevem Zhang e Chen, "e essa disposição de permanecer em contato com o sentimento pode oferecer a oportunidade de descobrir caminhos para o aprimoramento pessoal."[26]

Para um arrependimento como o de Cheryl, a autocompaixão não significa se exonerar de não ter feito um esforço para manter a amizade, mas tratar a si mesma com a mesma generosidade com que trataria alguém que se arrependesse de uma amizade desfeita. Significa "permanecer em contato" com o sentimento, como colocam Zhang e Chen, mas não fazer da amizade desfeita a característica definidora de seu caráter. E isso significa ir além de uma linguagem de como "eu realmente estraguei tudo", como me disse Cheryl várias vezes, e em vez disso reconhecer o quão normal, universal e humano é seu arrependimento.

Uma abordagem de autocompaixão não fomenta complacência, como alguns poderiam temer.[27] Embora a autoflagelação pareça ser motivadora — em especial para norte-americanos, cujos modelos mentais de motivação com frequência começam com treinadores de futebol americano esbravejantes, de rostos vermelhos e veias saltadas —, ela muitas vezes produz desamparo. Os pesquisadores descobriram que a autocompaixão, em contraste, faz com que as pessoas estejam dispostas a confrontar suas dificuldades e a assumir responsabilidade por elas. Como escreve Neff, "longe de ser uma desculpa para autoindulgência, portanto, a autocompaixão nos empurra para a frente — e pelos motivos certos".[28]

Assim, a partir da ciência da autocompaixão, o segundo passo na transformação de nossos arrependimentos é fazer a nós mesmos três perguntas:

- Se um amigo ou parente vier até você com o mesmo arrependimento que você tem, você trataria essa pessoa com bondade ou com desdém? Se sua resposta for "com bondade", pratique a mesma atitude com você mesmo. Se sua resposta for "com desdém", tente dar uma resposta diferente.
- Esse tipo de arrependimento é algo pelo qual outros podem ter passado ou você é a única pessoa que já o experimentou? Se você acredita que sua falta é parte de sua humanidade comum, reflita sobre isso, pois é quase sempre verdade. Se acredita que isso só acontece com você, por favor releia os capítulos 7 a 10.

- Esse tipo de arrependimento representa um momento desagradável em sua vida ou é um momento definidor? De novo, se você acredita que vale a pena estar ciente do arrependimento, mas sem se identificar demais com ele, você está no caminho certo. Se acredita que esse sentimento representa totalmente quem você é, pergunte a outra pessoa o que ela pensa sobre isso.

Essas três perguntas, que formam o cerne da autocompaixão, nos levam ao último passo do processo.

PASSO 3. AUTODISTANCIAMENTO: ANALISE E TRACE ESTRATÉGIAS

Pelo menos na aparência, Júlio César e Elmo formavam uma dupla improvável. Um era um estadista e historiador romano que foi imortalizado numa peça de Shakespeare e que viveu há mais de 2 mil anos. O outro é um muppet levemente maníaco com o pelo bagunçado e vermelho e o nariz laranja, cuja cidadania exata não é clara, mas cujo último endereço conhecido é a rua Sésamo.

Mas ambas as figuras são especialistas na prática da mesma manobra retórica: "ileísmo", palavra que designa o ato de falar sobre si mesmo na terceira pessoa. Quando Júlio César descreve suas guerras gálicas em seu livro *Commentarii de bello gallico*, ele nunca usa "eu" ou outros pronomes em primeira pessoa. Em vez disso, formula sentenças como "César soube através de espiões que a montanha estava nas mãos de seus próprios homens". Da mesma forma, quando Elmo explica seu comprometimento com a vida mental, ele também desdenha a primeira pessoa e se vale de construções como "Elmo gosta de aprender!".

Algumas pessoas acham que o ileísmo é incômodo (embora não para Daniel Pink). Mas sua existência como estilo de fala e de narração exemplifica a etapa final no processo de listar arrependimentos. Falar sobre si mesmo na terceira pessoa é uma variedade do que psicólogos sociais chamam de "autodistanciamento".

Quando somos perturbados por emoções negativas, inclusive o arrependimento, uma resposta é imergir nelas, encarar a negatividade tornando-a próxima e pessoal. Mas a imersão pode nos capturar numa ressaca de ruminação. Uma abordagem melhor, mais eficaz e mais duradoura é ir na direção oposta — não mergulhar nisso, mas ampliar a visão a partir do lado de fora e olhar nossa situação como um observador distanciado, como quando um diretor de cinema faz a câmera recuar.

Depois de a autorrevelação aliviar o fardo de carregar um arrependimento, e a autocompaixão reenquadrá-lo como uma imperfeição humana, e não uma falha incapacitante, o autodistanciamento ajuda a *analisar e traçar estratégias* — examinar o sentimento sem vergonha ou rancor e extrair dele uma lição que pode orientar seu comportamento futuro.

O autodistanciamento altera seu papel de mergulhador para oceanógrafo, de quem nada nas profundezas turvas do arrependimento para quem navega acima da água, examinando sua forma e a linha costeira. "Pessoas que se autodistanciam focam menos em contar suas experiências e mais em reconstruí-las de formas que ofereçam entendimento e encerramento", explica Ethan Kross, da Universidade de Michigan, e Özlem Ayduk, da Universidade da Califórnia, em Berkeley, dois importantes estudiosos do assunto.[29] Passar do ato imersivo de relatar para o mais distanciado de reconstruir regula nossas emoções e redireciona o comportamento. Como resultado, o autodistanciamento fortalece o pensamento,[30] incrementa aptidões para resolver problemas,[31] aprofunda a sabedoria[32] e até mesmo reduz a pressão sanguínea elevada que costuma acompanhar situações de estresse.[33]

Podemos criar distância de nossos arrependimentos de três maneiras.

Primeiro, podemos nos distanciar no espaço. O movimento clássico é conhecido, sem surpresa, como "técnica da mosca na parede". Em vez de examinar seu arrependimento a partir de sua própria perspectiva — "Eu realmente estraguei tudo deixando minha amizade próxima com Jen terminar e depois não fazendo nada para corrigir isso" —, veja a cena a partir da perspectiva de um observador neutro. "Eu vi uma pessoa deixar uma importante amizade acabar. Mas todos nós cometemos erros, e ela pode redimir isso indo ao encontro de conexões significativas, inclusive Jen, com mais regularidade e mais frequência."

Talvez você note que muitas vezes é melhor em resolver os problemas dos outros do que os seus próprios. Como não está enredado em tantos detalhes quanto os outros estão, você é capaz de ver o quadro inteiro de um modo que eles não são. Na verdade, Kross e Igor Grossmann, da Universidade de Waterloo, no Canadá, demonstraram que quando as pessoas dão um passo atrás e avaliam a própria situação do modo que fazem com as situações dos outros, elas preenchem essa lacuna de percepção. Raciocinam sobre seus problemas de forma tão eficaz quanto o fazem com os problemas dos outros.[34] Igualmente importante, a técnica da mosca na parede nos ajuda a suportar a crítica e aprender com ela — torna mais fácil não a receber como algo pessoal —, o que é essencial para transformar arrependimentos em ferramentas para o aprimoramento.[35] Esse tipo de distanciamento pode ser tanto físico como mental. Ir a outro lugar para analisar o sentimento ou até mesmo se recostar numa cadeira, em vez de se curvar para a frente, pode fazer com que os desafios pareçam menos difíceis e reduz a ansiedade ao abordá-los.[36]

A segunda maneira é se autodistanciar no tempo. Podemos arregimentar a mesma aptidão para viajar no tempo que faz nascer o arrependimento para analisar e traçar estratégias sobre como aprender com ele. Por exemplo, um estudo demonstrou que incitar pessoas a considerar como poderiam se sentir em relação a uma situação negativa em dez anos reduziu o estresse e aumentou a capacidade de resolver problemas, em comparação com imaginar como seria em uma semana.[37]

Visitar mentalmente o futuro — e então imaginar o arrependimento de forma retrospectiva — ativa um tipo de distanciamento, como uma lente grande angular, semelhante ao da técnica da mosca na parede. Pode fazer os problemas parecerem menores, mais temporários e mais fáceis de superar.[38] Cheryl, por exemplo, poderia imaginar como reagiria em uma década, olhando seu arrependimento lá atrás. Ela se sentiria mal por deixar a amizade de lado durante 35 anos? Ou ficaria contente de ter avaliado seus arrependimentos de conexão — com Jen ou com outros? Quando simulamos olhar para o problema de forma retrospectiva, com os binóculos do amanhã, e não com a lupa de hoje, é mais provável que sejamos capazes de substituir a autojustificativa por autoaprimoramento.[39]

O terceiro método de autodistanciamento, como nos ensinam Júlio César e Elmo, é por meio da linguagem. Kross, Ayduk e outros conduziram algumas pesquisas fascinantes, concluindo que "mudanças sutis na linguagem que as pessoas usam para se referir a si mesmas durante a introspecção podem influenciar sua capacidade de regular como pensam, sentem e se comportam sob estresse".[40] Quando abandonamos a primeira pessoa ao falar de nós mesmos, a distância que isso cria pode nos ajudar a reformular ameaças como sendo desafios e substituir aflição por significado. Por exemplo, tomando emprestada uma página de César, Grossmann e vários colegas descobriram que fazer as pessoas escreverem sobre seus desafios usando pronomes em terceira pessoa, como "ela", "ele", "eles" e "elas", em vez dos em primeira pessoa, como "eu", "a mim" e "meu", aumentou sua humildade pessoal e aguçou o modo como raciocinavam quando em dificuldades.[41] Avaliar arrependimentos na segunda pessoa — referindo-se a si mesmo como "você" em vez de "eu" — também fortalece o comportamento e aprofunda seu comprometimento com melhorar o comportamento futuro, segundo uma pesquisa de Sanda Dolcos e Dolores Albarracín.[42] Da mesma forma, exibir o que alguns chamam de "você universal", usando "você" para significar pessoas em geral, pode desestigmatizar experiências negativas e ajudar a extrair delas algum significado.[43]

E Elmo pode ser mais sábio do que parece. Dirigir-se a você mesmo usando seu nome tem efeitos semelhantes. Por exemplo, outro projeto liderado por Kross descobriu que durante o surto de ebola em 2014 pessoas que foram designadas de maneira aleatória para usar seu nome, em vez de "eu", ao pensar sobre a doença foram mais capazes de gerar motivos baseados em fatos para não entrar em pânico quanto ao surto.[44] Igualmente importante, o autodistanciamento por meio da linguagem não é trabalhoso nem consome tempo. De acordo com um estudo de neuroimagem, seus efeitos podem surgir em um segundo.[45]

Assim, para usufruir dos benefícios do autodistanciamento, tente qualquer um dos métodos a seguir:

- Imagine que seu melhor amigo está enfrentando o mesmo arrependimento com que você está lidando. Qual é a lição que isso lhes ensina? O que diria a ele em seguida? Seja o mais específico que puder. Agora siga seu próprio conselho.
- Imagine que você é um especialista neutro — um doutor em ciências de arrependimento — analisando seu arrependimento num consultório limpo, imaculado. Qual é seu diagnóstico? Explique em termos clínicos o que deu errado. Em seguida, o que você recomenda? Agora escreva um e-mail para você mesmo — usando seu prenome e o pronome "você" — destacando as pequenas coisas que você precisa aprender com o arrependimento.
- Se seu arrependimento envolve seu negócio ou sua carreira, tente uma técnica do falecido CEO da Intel Andy Grove, que, segundo se conta,

perguntava a si mesmo: "Se eu fosse substituído amanhã, o que faria o meu sucessor?".[46]

- Imagine que se passaram dez anos e que você está recordando com orgulho como respondeu a esse arrependimento. O que você fez?

Olhar de forma retrospectiva pode nos levar adiante, mas apenas se fizermos isso direito. A sequência de autorrevelação, autocompaixão e autodistanciamento oferece um simples, porém sistemático, modo de transformar o sentimento numa força de estabilidade, conquista e propósito poderosa.

Mas ainda não terminamos. Também é possível seguir em frente *olhando para a frente* — antecipando arrependimentos antes que ocorram.

SETE OUTRAS TÉCNICAS DAS QUAIS VOCÊ NÃO SE ARREPENDERÁ

1. COMECE UM CÍRCULO DE ARREPENDIMENTO

Pense em círculos de arrependimento como sendo primos próximos de clubes do livro. Reúna cinco ou seis amigos para tomar café, chá ou drinques. Peça a dois deles que venham preparados com um arrependimento significativo e que contem a história. Peça que os outros respondam a cada arrependimento, primeiro categorizando-o. (É de ação ou inação? Em qual das quatro estruturas profundas ele entra, se é que em alguma?) Depois, para cada arrependimento, o grupo trabalha fazendo uso do processo revelação-compaixão-distanciamento. Quando o encontro termina, as duas pessoas se comprometem a adotar um comportamento específico (por exemplo, falar com um chefe desagradável ou convidar alguém para um encontro). Na reunião seguinte, os outros cobram essa promessa — e duas outras pessoas compartilham seus arrependimentos.

2. CRIE UM CURRÍCULO DE FRACASSO

A maioria de nós tem um currículo — um compêndio escrito de empregos, experiências e credenciais que demonstram a potenciais empregadores e clientes quão qualificados, peritos e genericamente incríveis nós somos. Tim Seelig, um professor de prática na Universidade Stanford, diz que também precisamos de um "currículo de fracasso", um inventário detalhado e minucioso do que falhamos. Isso oferece outro método de lidar com arrependimentos. O próprio ato de criar um é uma forma de revelação. Ao olhar para seu currículo de fracassos não como seu protagonista, mas como observador, pode você aprender com ele sem se sentir diminuído por seus erros. Alguns anos atrás, eu compilei um currículo de fracassos e tentei colher lições das muitas lambanças que cometi. (Revelar a mim mesmo esses embaraços será suficiente, muito obrigado.) Dei-me conta de que eu fazia repetidamente variações dos mesmos dois erros, e saber disso me ajudou a evitar cometê-los de novo.

3. ESTUDE A AUTOCOMPAIXÃO

Há vinte anos eu leio pesquisas de ciências sociais tentando compreender seu sentido, mas poucos temas me tocaram de forma tão poderosa quanto a sobre autocompaixão. Compreender esse sentimento me ajudou a conter uma autocrítica excessiva, porque me convenci de que repreender a mim mesmo, embora fosse prazeroso em termos masoquistas, não era eficaz. A autocompaixão me ajudou também a ver meus esforços idiossincráticos como comuns e solucionáveis. Eu incentivo você a olhar mais profundamente para esse tópico. Um bom lugar para começar é o site de Kristin Neff (https://self-compassion.org), no qual você pode medir seus próprios níveis de autocompaixão. Seu livro *Self-Compassion: The Proven Power of Being Kind to Yourself* [Autocompaixão: O poder comprovado de ser gentil consigo mesmo] também é excelente.

4. PAREIE RESOLUÇÕES DE ANO-NOVO COM ARREPENDIMENTOS DE ANO-VELHO

Uma questão essencial deste capítulo — e de todo o livro — é que olhar para trás pode nos levar adiante. Um modo de inserir esse princípio em sua vida é estabelecer um ritual. No final de dezembro, o marco temporal de 1º de janeiro nos incita a tomar decisões de Ano-Novo. Mas, como precursor dessa prática, tente o que chamo de "Arrependimentos de Ano-Velho". Faça um retrospecto do ano que está prestes a acabar e liste três arrependimentos. Você se arrepende de não ter se reconectado com um parente ou um ex-colega? Ou de não ter começado aquele negócio paralelo? Ou de ter contado uma mentira que comprometeu seus valores? Anote esses arrependimentos. E transforme desfazer seus arrependimentos de ação e agir para transformar seus arrependimentos de inação em suas principais decisões para o novo ano.

5. SUBTRAIA MENTALMENTE EVENTOS POSITIVOS

Para eliminar o sofrimento de um arrependimento, tente um truque mental que ficou famoso com o filme de 1946 *A felicidade não se compra*. Na véspera de Natal, George Bailey está à beira do suicídio quando recebe a visita de Clarence, um anjo, que mostra a George como teria sido a vida em Bedford Falls se ele nunca tivesse nascido. A técnica de Clarence se chama "subtrair mentalmente eventos positivos".[47] Pense em alguma coisa boa em sua vida — uma amizade próxima, uma realização na carreira, um de seus filhos. Considere todas as decisões e indecisões, todos os erros e triunfos que o levaram a essa situação feliz. Agora retire tudo isso. Para usar um exemplo do capítulo anterior, eu poderia subtrair mentalmente ter conhecido minha mulher. O resultado é infelicidade e melancolia. Mas, assim como aconteceu com George Bailey, a subtração aprofunda minha gratidão e lança uma nova luz sobre meus arrependimentos.

6. PARTICIPE DA WORLD REGRET SURVEY

Se você ainda não fez isso, anote seu arrependimento na World Regret Survey (www.worldregretsurvey.com). Escrever sobre esse sentimento pode desarmá-lo — e oferecer a distância necessária para avaliá-lo e se afastar dele. Você pode também ler os arrependimentos de outras pessoas, o que oferece uma perspectiva de nossa humanidade compartilhada e pode ajudar a fortalecer seus músculos para lidar com isso. Quando você ler arrependimentos vindos de todo o mundo, pergunte a si mesmo: Que tipo de arrependimento é esse? Que conselho você daria a quem o escreveu para que use o sentimento como uma força positiva?

7. ADOTE UMA MENTALIDADE DE JORNADA

Realizar nossos objetivos pode nos isolar de arrependimentos. Mas se não mantivermos nosso comportamento após alcançá-los — continuando a nos exercitar regularmente ou mantendo os bons hábitos de trabalho que nos levaram a completar um projeto —, o arrependimento rapidamente encontra o caminho para nossa mente. Um antídoto para esse problema vem do trabalho dos professores da Universidade Stanford Szu-chi Huang e Jennifer Aaker, que recomendam o que chamam de "mentalidade de jornada". Huang e Aaker descobriram que, quando chegamos a um destino — como completar uma tarefa difícil e importante —, às vezes relaxamos e supomos que nosso trabalho está completo. Mas em geral não está. Não fique saboreando o objetivo que alcançou. Reveja os passos que o levaram até lá. Passe menos tempo celebrando a chegada ao destino e mais contemplando a jornada.

"Eu me arrependo de ter permitido que um conselheiro na faculdade me convencesse de que eu não tinha vocação para ser médica. Gostaria de ter acreditado em mim mesma e pelo menos tentado."

Sexo feminino, 54 anos, Maryland

"Eu me arrependo de ter desperdiçado tanto tempo livre antes de ter tido filhos. Olhando agora, eu NÃO ESTAVA de jeito nenhum ocupado demais para não estudar espanhol, não me exercitar regularmente ou fazer um esforço extra para me aprimorar."

Sexo masculino, 29 anos, Indiana

"Não ter sido mais sexualmente ativa."

Sexo feminino, 71 anos, Michigan

14. Antecipando o arrependimento

Viva como se já estivesse vivendo pela segunda vez e como se tivesse agido
na primeira de maneira tão errada quanto está prestes a agir agora!
Viktor Frankl, 1946

Certa manhã, em 1888, Alfred Nobel acordou e teve uma surpresa com o jornal matutino. Ali, preto no branco para que todos lessem, estava seu obituário. Um jornal francês tinha confundido Alfred com seu irmão, Ludvig, que tinha morrido, pois Alfred com toda certeza não tinha. Era uma fake news no contexto do *fin de siècle*.

Mas o que realmente irritou Alfred foi como o cabeçalho de seu obituário resumiu a obra de sua vida: *"Le marchand de la mort est mort"* [O mercador da morte está morto].

Nobel, um sueco que falava cinco línguas, era um químico competente e um inventor bem-sucedido. E o que ele tinha inventado eram coisas que explodiam: detonadores, cápsulas explosivas e, a mais famosa, a dinamite, que ele patenteou na década de 1860. Além disso, construiu fábricas de dinamite pelo mundo todo, o que fez dele um multimilionário e um dos industriais mais importantes da Europa.

Mas o obituário não contava uma história de genialidade técnica e ímpeto empresarial. Descrevia uma alma contaminada por um legado vergonhoso

— um homem ganancioso e amoral que ficara fabulosamente rico vendendo às pessoas ferramentas para destruírem umas às outras.

Oito anos depois, quando Nobel morreu, seu testamento trazia uma surpresa. Em vez de deixar sua fortuna para a família, seu espólio estabeleceu um conjunto de prêmios para "aqueles que, durante o ano anterior, tivessem conferido o maior benefício à humanidade" — os prêmios Nobel.

Diz a lenda que a inspiração para esse gesto veio daquele obituário prematuro.[1] Nobel vislumbrou o seu futuro e se arrependeu do que viu. Antecipando o sentimento, mudou seu comportamento para evitá-lo.

Se os dois capítulos anteriores falaram do arrependimento visto pelo retrovisor, este é sobre ele visto pelo para-brisa. Arrependimento é uma emoção retrospectiva. Ele passa a existir quando olhamos para trás. Mas também podemos usá-lo de forma prospectiva e proativa — para dar uma olhada no futuro, predizer do que vamos nos arrepender e, então, reorientar nossos comportamentos com base em nossa previsão. Às vezes essa abordagem nos aponta uma direção promissora. Outras, nos desencaminha. Mas, se compreendermos o lado bom e o ruim de antecipar o arrependimento, podemos aprimorar nossa estratégia para ter uma boa vida.

O LADO BOM DA ANTECIPAÇÃO

Como a maioria das grandes instituições de pesquisa, a Universidade Duke opera um extenso sistema de bibliotecas que serve a seus estudantes, à faculdade e à equipe. Como a maioria das organizações de qualquer tipo, as bibliotecas da Universidade Duke (DUL, na sigla em inglês) querem saber o que seus clientes e integrantes pensam de suas ofertas. Para avaliar as opiniões e reunir feedback, ela conta tradicionalmente com o envio de questionários por e-mail para sua comunidade. No entanto, enfrentava um problema perene: a maioria das pessoas não se dava ao trabalho de completar os questionários.

Assim, os hábeis bibliotecários de Duke traçaram um plano — um experimento simples que lançou luz no arrependimento antecipado.

Em 2016, a DUL enviou a metade de seus 6 mil estudantes um formulário de pesquisa e informou que se o completassem e o devolvessem entrariam num sorteio de um vale-presente no valor de 75 dólares.

Os outros 3 mil estudantes também receberam um e-mail com o formulário. Mas as regras que o acompanhavam eram diferentes. *Todos* entrariam na rifa. No entanto, se os organizadores sorteassem um nome e a pessoa não tivesse completado o formulário, seria inelegível para o prêmio e outro nome seria sorteado.

Que abordagem rendeu o maior número de formulários completados?

Uma nem chegou perto da outra. Em uma semana, apenas um terço dos estudantes do primeiro grupo tinha completado o formulário, mas dois terços dos estudantes do segundo o completaram.[2] No primeiro caso, era uma rifa normal. No segundo, era o que os economistas comportamentais vieram a chamar de "loteria de arrependimento".

Loterias de arrependimento são um modo de antecipar o sentimento que pode alterar nosso comportamento. Numa loteria comum, eu tenho de adotar medidas afirmativas para entrar — no exemplo da Duke, preenchendo um questionário e o devolvendo. Se não fizer isso e alguém que o fizer for sorteado, eu posso ficar levemente desapontado (supondo que eu fique sabendo disso). Mas, como as probabilidades são baixas e meu investimento emocional é quase nenhum, provavelmente não ficarei arrasado.

No entanto, numa loteria de arrependimento, eu avalio minha decisão de modo diferente. Se os organizadores sortearem meu nome e eu não tiver completado o formulário, sei que vou me recriminar. Posso imaginar facilmente um futuro no qual eu ganho o prêmio — mas o vale-presente me é tomado das mãos devido a minha estupidez, preguiça ou falta de esforço. Se eu antecipar essa sensação de desapontamento, vou proceder como dois terços desses alunos e completar o questionário.

Loterias de arrependimento são eficazes para mudar o comportamento em muitas áreas.[3] Em geral, para nós, a dor de perder alguma coisa é maior do que o prazer de ganhar algo equivalente — assim, percorremos distâncias extraordinárias (e com frequência irracionais) para evitar perdas. "As perdas ficam maiores que os ganhos", diz o ditado.[4] Da mesma forma, quando antecipamos nossas emoções, o arrependimento fica maior que o júbilo. Em muitas situações, a dor esperada do arrependimento supera o ganho esperado da alternativa.

Isso muitas vezes pode trabalhar a nosso favor. Antecipar nosso arrependimento retarda nosso pensamento. Aciona nossos freios cerebrais, dando-nos tempo para reunir informação adicional e refletir antes de decidir o que fazer. Arrependimento antecipado é particularmente útil para superar arrependimentos de inação.

Por exemplo, durante a pandemia do coronavírus, o maior fator para jovens adultos fazerem o teste de covid foi o arrependimento que disseram que teriam se não agissem — se não fizessem o teste e depois, acidentalmente, passassem o vírus para outra pessoa —, de acordo com um estudo de 2021 por Russell Ravert, da Universidade de Missouri, Linda Fu, do Hospital Nacional de Crianças em Washington, DC, e Gregory Zimet, da Faculdade de Medicina da Universidade de Indiana.[5] Outro estudo de 2021, conduzido por Katharina Wolff, da Universidade de Bergen, na Noruega, revelou um efeito semelhante nas vacinas contra covid. O arrependimento de inação antecipado por não se vacinar, e com isso pôr em risco a si mesmo e aos outros, foi uma força mais poderosa para tornar as pessoas mais dispostas a se vacinar até mesmo do que fatores como o que amigos e familiares tinham decidido fazer.[6]

Quando imaginamos quão mal nos sentiremos no futuro se não agirmos da maneira adequada agora, essa emoção negativa — que simulamos mais do que experimentamos — pode melhorar nosso comportamento. Em 2006, uma meta-análise de 81 estudos envolvendo 45618 participantes descobriu que "arrependimento antecipado estava associado a uma ampla gama de comportamentos relativos à saúde".[7] Por exemplo, um importante estudo britânico conduzido por Charles Abraham, da Universidade de Sussex, e Paschal Sheeran, da Universidade de Sheffield, demonstrou que as pessoas que de imediato concordaram com a simples declaração "se eu não me exercitar pelo menos seis vezes nas próximas duas semanas vou me arrepender" acabaram se exercitando mais do que para quem a ideia de arrependimento não viera à mente.[8]

Diversos estudos nos últimos quinze anos demonstraram que antecipar o arrependimento pode também nos dispor a: comer mais frutas e vegetais,[9] tomar vacinas contra o HPV[10] e contra a gripe,[11] usar camisinha,[12] nos informarmos melhor quanto a nossa saúde,[13] fazer exames preventivos de câncer,[14] dirigir com mais cuidado,[15] fazer um preventivo do colo do útero,[16] deixar de fumar,[17] reduzir o consumo de alimentos processados[18] e até mesmo reciclar mais.[19]

Antecipar o sentimento oferece uma ferramenta conveniente para julgar uma situação. Quando você não souber qual deveria ser seu próximo passo, pergunte a si mesmo: "No futuro, vou me arrepender dessa decisão se não fizer x?". Responda à pergunta. Aplique a resposta a sua situação atual. Essa abordagem está por trás da (pequena, mas crescente) popularidade das "festas de obituário" — nas quais as pessoas dão vazão a seu Alfred Nobel interior, rascunham seus próprios obituários e os usam como guia para seus próximos anos.[20] É também a ideia que anima os "pre-mortems". Nessa técnica de gerenciamento, equipes de trabalho viajam mentalmente para o futuro antes de um projeto sequer começar e imaginam um cenário de pesadelo no qual tudo dá errado — digamos, o projeto extrapola o prazo ou o orçamento, ou nem mesmo chega a ser concluído. Depois, usam esses insights para evitar erros crassos antes que ocorram.[21]

Se há alguém que incorpora essa abordagem ao trabalho e à vida — o predador que está no topo da cadeia alimentar do arrependimento antecipado — é Jeff Bezos. Ele é uma das pessoas mais ricas do mundo, graças a ter fundado a Amazon, uma das maiores empresas do planeta. Ele é o dono do *Washington Post*. Viaja ao espaço. Mas no domínio de nossa emoção mais mal compreendida é mais conhecido por um conceito que ele chama de "estrutura de minimização do arrependimento".

No início da década de 1990, Bezos estava trabalhando num banco quando concebeu uma empresa que venderia livros via uma recém-criada tecnologia chamada World Wide Web. Quando disse a seu chefe que queria deixar seu emprego bem remunerado, ele o estimulou a pensar naquilo durante alguns dias, antes de se comprometer.

Formado em ciências da computação, Bezos queria um modo sistemático de analisar sua decisão — uma espécie de algoritmo que levasse a uma conclusão sensata. E finalmente chegou a uma. Como explicou numa entrevista em 2001:

Eu quis me projetar e me ver com oitenta anos e dizer: "Está bem, agora estou olhando para trás, para minha vida. Quero ter minimizado o número de meus arrependimentos". Eu sabia que quando tivesse oitenta anos não iria me arrepender por ter decidido isso. Não iria me arrepender de ter tentado participar nessa coisa chamada internet, que eu achava que ia ser realmente um grande sucesso. Eu sabia que se fracassasse eu não me arrependeria, mas sabia também que a única coisa da qual poderia me arrepender era de nunca ter tentado. Sabia que isso me assombraria todos os dias, e, assim, quando pensei dessa maneira, a decisão foi incrivelmente fácil.[22]

Bezos antecipou um arrependimento de ousadia, depois tornou a vontade de evitá-lo no futuro o impulso para seu comportamento no presente. A estrutura de minimização de arrependimento foi para ele um movimento sensato e é um modelo mental útil para todos nós. Constatamos que antecipar nossos arrependimentos pode melhorar nossa saúde, ajudar a nos tornarmos bilionários e ganhar a simpatia de colegas bibliotecários que distribuem formulários de pesquisa. É um remédio poderoso.

Mas deveria vir com uma etiqueta de advertência.

O LADO RUIM DA ANTECIPAÇÃO

Para compreender como arrependimentos antecipados podem dar errado, permita-me convidá-lo para andar de metrô, comprar um micro-ondas, trocar um bilhete de loteria e fazer um teste padronizado.

Imagine que é a hora do rush matinal é você está correndo para pegar um metrô para ir trabalhar. No caminho até a estação, seu sapato desamarra porque você, na pressa, o amarrou mal. Você vai por um minuto a um canto da calçada, amarra o sapato e continua. Quando chega na plataforma, vê seu trem partindo. Droga! Se ao menos não tivesse parado para amarrar o sapato, teria alcançado o trem.

Quanto arrependimento você anteciparia por essa experiência de perder o trem por um minuto?

E, uma pergunta relacionada: quanto arrependimento você esperaria ter se tivesse perdido o trem por cinco minutos?

Segundo Daniel Gilbert, da Universidade Harvard, que liderou um grupo de pesquisadores que conduziram experimentos sobre essa questão numa estação de metrô em Cambridge, Massachusetts, a maioria das pessoas prevê que terão um arrependimento muito maior por perder o trem por um minuto do que por perdê-lo por cinco minutos. Mas, na verdade, a medida de arrependimento que as pessoas de fato têm é mais ou menos a mesma em ambas as situações, e não é muito grande.

Um problema ao usar arrependimentos antecipados como ferramenta para a tomada de decisão é que somos bem ruins em predizer a intensidade e a duração de nossas emoções.[23] Além de particularmente ineptos em prever arrependimento. Muitas vezes superestimamos quão mal nos sentiremos e subestimamos nossa capacidade de lidar com nossos sentimentos e amenizá--los com *pelo menos*. Como escrevem Gilbert e seus colegas, arrependimentos antecipados "podem ter um pouco de bicho-papão, parecendo maiores em perspectiva do que se mostram de fato na experiência". Somos como meteorologistas atrapalhados que continuam prevendo (de forma errada) chuva. E, como resultado, dizem os pesquisadores, "tomadores de decisão que pagam para evitar arrependimentos futuros podem estar comprando uma insegurança emocional de que efetivamente não precisam".[24]

Superestimar o arrependimento tem outra consequência: pode anuviar nossas decisões. Suponha que depois de esperar um pouco você embarca no próximo trem e vai para o trabalho. Após uma manhã produtiva, você tem um intervalo para almoçar e vai a uma loja de produtos eletrônicos para comprar um micro-ondas para seu apartamento. Depois de uma breve conversa com o vendedor, você reduz as opções a duas.

Os dois aparelhos têm o mesmo tamanho, a mesma potência e oferecem as mesmas funções. Parecem ser idênticos, exceto por dois aspectos. O primeiro é de uma marca conhecida; o segundo, de uma marca genérica. E o primeiro custa 149 dólares, enquanto o segundo custa 109 dólares.

Qual você escolhe?

Quando Itamar Simonson, da Universidade Stanford, conduziu um experimento como esse, descobriu que os consumidores se dividiam meio a meio quanto à escolha. Metade escolheu a marca mais cara; metade, a mais barata e genérica.

Porém, depois ele introduziu um novo elemento. Disse aos compradores que pouco depois de terem tomado sua decisão ele revelaria como uma revista independente classificava as duas escolhas. Com essa promessa no ar, os compradores ficaram cautelosos. Mais pessoas — dois terços, na verdade — escolheram a marca conhecida. Elas antecipavam um arrependimento maior se saíssem do statu quo (que é optar por uma marca famosa) e depois soubessem que haviam tomado a decisão errada.[25] Assim, para evitar essa sensação desagradável, apostaram no seguro. Ficaram menos preocupados com fazer a escolha certa e tentaram fazer a menos suscetível a arrependimento — que nem sempre é a mesma.

Antecipar arrependimento pode às vezes nos desviar da melhor decisão, em favor da que mais nos protege do sentimento — como você vai redescobrir quando voltar para o escritório.

Depois de sair da loja, você compra um bilhete de um dólar para o sorteio de amanhã de 80 milhões de dólares da loteria. Acontece que eu também comprei um bilhete. E decidi propor a você um acordo: trocar meu bilhete com o seu — e lhe dar três dólares por ele.

Você aceitaria?

Claro que deveria. E, claro, não vai aceitar.

Os dois bilhetes têm a mesma chance de ganhar. Se você fizer a troca, suas probabilidades continuarão as mesmas, e extremamente remotas. Mas agora você terá três dólares a mais do que tinha antes. Nem precisa raciocinar muito!

Mas, em experimentos de laboratório, mais de metade das pessoas resistiu a essa oferta — porque era simples imaginar o arrependimento que sentiriam se negociassem o eventual vencedor.[26] Só quando os pesquisadores colocaram o bilhete num envelope selado — de modo que as pessoas não pudessem ver seus números e saber se tinham o bilhete vencedor —, os participantes se mostraram mais dispostos a fazer esse tipo de troca.[27]

No caso da loteria e em muitos outros, minimizar o arrependimento não é a mesma coisa que diminuir o risco. E, se não antecipamos de forma adequada, acabaremos fazendo uma escolha de minimizar o arrependimento em vez de minimizar o risco. Às vezes isso significa não tomar nenhuma decisão. Muitos estudos demonstram que a aversão ao arrependimento pode com frequência levar a uma aversão à escolha.[28] Se focamos demais naquilo de que vamos nos arrepender, podemos nos imobilizar e decidir não decidir. Da mesma forma, em estudos de negociação, dar muita atenção ao arrependimento antecipado paralisava o progresso. Fazia os negociadores ficarem avessos ao risco e menos propensos a fechar um acordo.[29]

Seu dia de trabalho se aproxima do fim, mas não suas obrigações. Como você é do tipo ambicioso, está estudando para tirar a licença de corretor imobiliário enquanto mantém seu emprego atual. Essa noite é seu primeiro exame — oitenta questões de múltipla escolha.

Você engole uma xícara de café e entra na sala da prova. Tem duas horas para completá-la. Está indo bem, avançando de maneira firme pelas perguntas, marcando suas respostas no formulário, quando lhe ocorre um pensamento.

"Na questão 23 eu escolhi B. Mas agora acho que a resposta certa pode ser C."

Você volta àquela questão, apaga sua resposta original e registra a outra? Ou fica com seu instinto inicial?

Em todos os níveis escolares e em treinamentos profissionais, o conselho que especialistas oferecem é consistente. De acordo com pesquisas, a maioria dos professores universitários sugere que você fique com seu instinto inicial, porque mudar respostas costuma prejudicar a nota dos estudantes. Os conselheiros acadêmicos na Universidade Estadual da Pensilvânia concordam: "Seu primeiro palpite é em geral o correto. Não mude uma resposta a menos que tenha certeza disso". A *Princeton Review*, cujo negócio é preparar estudantes para diversos testes padronizados, alerta: "Na maioria das vezes, você quer seguir seu instinto em vez de repensar suas respostas. Muitos acabam mudando a certa por uma errada!".[30]

A sabedoria convencional é clara: fique com seu primeiro instinto e não mude a resposta.

A sabedoria convencional também está errada. Quase todo estudo feito sobre o tema demonstrou que, quando estudantes mudam respostas nas provas, é bastante mais provável que alterem uma errada para uma certa (que bom!) do que o oposto (que droga!). Estudantes que alteram suas respostas costumam melhorar suas notas.[31]

Então, por que esse conselho equivocado perdura?

O arrependimento antecipado distorce nosso julgamento.

Em 2005, Justin Kruger, hoje psicólogo social na Universidade de Nova York, junto com Derrick Wirtz, agora na Universidade da Colúmbia Britânica, e Dale Miller, da Universidade Stanford, analisaram as respostas apagadas de mais de 1500 provas de psicologia feitas por estudantes da Universidade de Illinois, onde Kruger e Writz ensinavam na época. Assim como pesquisas anteriores, as mudanças de uma resposta errada para uma certa eram duas vezes mais comuns do que as de uma certa para uma errada.

No entanto, quando os pesquisadores perguntavam aos estudantes do que eles achavam que se arrependeriam mais — de "mudar quando deveriam ter mantido" ou de "manter quando deveriam ter mudado" —, as respostas foram reveladoras. Entre os estudantes, 74% anteciparam mais arrependimentos por terem mudado respostas, enquanto 26% disseram que não se importariam.

E exatamente ninguém antecipou maior arrependimento por ter mantido a resposta inicial.

Kruger, Wirtz e Miller chamam isso de "primeira falácia do instinto" — vem de um arrependimento antecipado ter dado errado. "Resolver um problema de maneira equivocada por ir contra um primeiro instinto é mais memorável do que por não ter ido", eles escrevem. "O arrependimento produzido por fazer a troca quando a resposta original deveria ter sido mantida é o bastante para que o azar de ter errado a questão pareça ser quase trágico."[32] Erramos por medo do espectro prospectivo do "se ao menos". Você também erra. Como não mudou a sua resposta, você não passou na prova e precisa refazê-la. Se ao menos tivéssemos conhecido essa pesquisa antes...

O arrependimento antecipado muitas vezes nos faz melhores. Mas, como seu dia agitado demonstra, antes de tomar o remédio leia o rótulo.

ATENÇÃO:
O ARREPENDIMENTO ANTECIPADO PODE CAUSAR PARALISIA
NA TOMADA DE DECISÕES, AVERSÃO AO RISCO, FALÁCIAS
DE PRIMEIRO INSTINTO E NOTAS BAIXAS NAS PROVAS.

Como uma droga universal, o arrependimento antecipado tem alguns efeitos colaterais perigosos, mas esse não é seu único problema.

Herbert Simon é uma das quase mil pessoas que ganharam o prêmio que leva o nome do magnata inventor da dinamite e antecipador de arrependimentos, que encontramos antes neste capítulo. Simon era um grande cientista social, que ensinou na Universidade Carnegie Mellon durante cinquenta anos e cujas contribuições intelectuais cobriam muitos campos, inclusive ciência política, psicologia cognitiva e inteligência artificial. Mas talvez seu maior legado seja ter levado a economia a considerar a dimensão humana em suas análises.

No mundo pré-Simon, os modelos dominantes na área supunham que as pessoas, ao tomar decisões, tinham preferências estáveis e toda informação de que precisavam, tentando assim sempre maximizar seus resultados. Em todos os casos e a todo momento, buscamos comprar pelo menor preço possível, vender pelo mais alto e maximizar nossos ganhos de maneira implacável.

Simon convenceu profissionais da economia de que suas suposições, embora verdade em alguns casos, não estavam sempre corretas. Nossas preferências às vezes mudam. Dependendo de diversos fatores, muitas vezes nos falta a informação apropriada para tomar a decisão ideal. Além disso, sempre buscar o melhor negócio pode ser cansativo. Em muitas situações, nós simplesmente não nos preocupamos o bastante para encontrar a opção perfeita — o carpinteiro ideal, o hambúrguer inigualável — e estamos dispostos a ficar satisfeitos com o que é bom o suficiente.

Às vezes maximizamos, explica Simon. Outras, nos "satisfazemos".[33] Se isso fosse verdade — e análises de comportamento demonstraram que é —, os modelos teriam de mudar — e eles mudaram. Por seu trabalho, Simon ganhou o prêmio Nobel de economia.

Levou algum tempo para os psicólogos começarem a explorar as consequências emocionais das duas abordagens de tomada de decisão de Simon. Mas esse momento chegou em 2002, quando seis cientistas sociais, liderados por Barry Schwartz e Andrew Ward, da Faculdade Swarthmore, desenvolveram uma escala de personalidade que media a propensão do indivíduo para maximizar ou ficar satisfeito. Usando um conjunto de dezessete perguntas, eles conseguiram identificar quem buscava padrões ideais (os maximizadores) e quem costumava escolher o que chegasse ao limite do aceitável (os que ficam satisfeitos).

Após aplicar sua escala de maximização a mais de 1700 participantes, eles relacionaram os resultados à medida do bem-estar deles. O que os pesquisadores descobriram foi uma surpresa. A maioria dos maximizadores era muito infeliz. Eles relataram ter "significativamente menos satisfação com a vida, menos felicidade [e] otimismo", além de mais depressão do que os que ficavam satisfeitos.[34]

Quando os cientistas tentaram explicar a fonte dessa infelicidade, identificaram o principal culpado: "A sensibilidade aumentada de 'maximizadores' ao arrependimento — tanto experimentado quanto antecipado". Eles se arrependiam de tudo em todas as etapas. Antes, depois e quando faziam suas escolhas. Não importava a situação, sempre imaginavam que era possível ter conseguido algo melhor se ao menos tivessem agido de forma diferente.[35] Mas esses contrafactuais para cima não suscitavam arrependimentos "sentir é para pensar" produtivos. Eles aprisionavam as pessoas numa ruminação de arrependimento "sentir é para sentir". Em seu esforço por maximizar a felicidade em tudo, eles a estavam pulverizando em todas as coisas.

E aí que está o problema. O que vacilava na estrutura de minimização de arrependimento de Bezos era que tentar constantemente antecipar e minimizar nossos arrependimentos pode se tornar uma forma nada saudável de maximização. Aplicar essa estrutura o tempo todo e em todos os contextos é uma receita para o desespero.

Como, então, conciliar essas correntes que se contrabalanceiam — obter os benefícios do arrependimento antecipado sem se deixar apanhar pela corrente descendente?

A solução está em focar em nossas aspirações.

OTIMIZAÇÃO DO ARREPENDIMENTO

Nosso objetivo não deveria ser sempre minimizar o arrependimento, mas *otimizá-lo*. Combinando a ciência do arrependimento antecipado com a nova estrutura profunda do arrependimento, podemos refinar nosso modelo mental.

Vamos chamar isso de estrutura da otimização do arrependimento.

Essa estrutura revisada é constituída por quatro princípios:

- Em muitas circunstâncias, antecipar nossos arrependimentos pode levar a um comportamento mais saudável, a escolhas profissionais mais sensatas e a mais felicidade.
- Mas quando antecipamos nossos arrependimentos, muitas vezes os superestimamos, comprando um seguro emocional de que não precisamos, distorcendo assim nossas decisões.
- E, se formos longe demais — se maximizamos a minimização de nosso arrependimento —, podemos tornar nossa situação ainda pior.
- Ao mesmo tempo, pessoas em todo o mundo expressam de forma consistente os mesmos quatro arrependimentos básicos. Eles perduram. Revelam necessidades humanas fundamentais. E, juntos, oferecem um caminho para uma vida boa.

Com a estrutura de otimização do arrependimento, devemos dedicar tempo e esforço para antecipar os quatro arrependimentos básicos: de base, de ousadia, morais e de conexão. Porém, não costuma valer a pena antecipar o sentimento fora dessas quatro categorias.

Assim, com a estrutura de otimização do arrependimento, ao decidir o curso de uma ação, comece perguntando se você está lidando com um desses quatro sentimentos básicos.

Se não, fique satisfeito. Por exemplo, se você está comprando móveis de jardim ou (outro) micro-ondas, essa decisão provavelmente não envolve nenhuma necessidade humana fundamental, duradoura. Faça uma escolha e siga em frente. Você estará bem.

Se a decisão envolve um dos quatro, passe mais tempo deliberando. Imagine-se no futuro — cinco anos, dez anos, oitenta anos, o que fizer sentido. Desse ponto de vista, pergunte a si mesmo que escolha o ajudará a construir sua base, assuma um risco razoável, faça a coisa certa ou mantenha uma conexão significativa. Antecipe esses arrependimentos. Depois escolha a opção que mais pode reduzi-los. Use essa estrutura algumas vezes para começar a ver seu poder.

Nossas vidas cotidianas consistem em centenas de decisões — algumas cruciais para nosso bem-estar, muitas sem consequências. Compreender a diferença pode fazer toda a diferença. Se soubermos do que verdadeiramente nos arrependemos, saberemos o que de fato valorizamos. O arrependimento — essa emoção enlouquecedora, desconcertante e inegavelmente real — mostra o caminho para uma vida bem vivida.

O QUE FAZER COM SEUS ARREPENDIMENTOS: UMA RECAPITULAÇÃO

PARA UM ARREPENDIMENTO DE AÇÃO

1. *Repare-o.* Peça desculpas, faça correções ou tente reparar o dano.

2. *Faça uso do pelo menos.* Ache o lado positivo: pense em como a situação poderia ter sido pior e aprecie que isso não tenha ocorrido.

PARA QUALQUER ARREPENDIMENTO (AÇÃO E INAÇÃO)

1. *Autorrevelação.* Reviva e alivie o arrependimento contando-o a outras pessoas — a admissão clareia o ambiente — ou escrevendo sobre ele.

2. *Autocompaixão.* Normalize e neutralize o arrependimento tratando a si mesmo do modo como trata um amigo.

3. *Autodistanciamento.* Analise e crie uma estratégia para as lições que aprendeu com o arrependimento se afastando no tempo, no espaço ou através da linguagem.

PARA USAR ARREPENDIMENTOS ANTECIPADOS EM SUA TOMADA DE DECISÃO:

1. *Fique satisfeito com a maioria das decisões.* Se você não está lidando com um dos quatro arrependimentos básicos, faça uma escolha, não duvide de si mesmo e siga em frente.

2. *Maximize nas decisões mais cruciais.* Se você está lidando com um dos quatro arrependimentos básicos, imagine-se num ponto específico no futuro e pergunte a si mesmo qual escolha será melhor para construir uma base sólida, assuma um risco razoável, faça a coisa certa ou conecte-se com outros.

"Eu me arrependo de não ter sido mais corajosa e de não ter feito mais para defender nossa democracia!"

Sexo feminino, 82 anos, Pensilvânia

"Eu me arrependo de não ter sido mais gentil com as pessoas. Eu costumava ficar muito preocupado com ser 'correto' em vez de ser gentil."

Sexo masculino, 41 anos, Reino Unido

"De não ter ido ao show do Prince porque no dia seguinte tinha aula. Toneladas de dias de aula versus um Prince. Escolha idiota."

Sexo feminino, 58 anos, Colorado

Arrependimento e redenção

Quando revisei pela primeira vez os dados do American Regret Project, notei duas descobertas que me incomodaram.

Lembre-se de que o pré-requisito para experimentar arrependimento é exercer algum controle sobre pelo menos certos aspectos de nossas vidas. Eu me pergunto se as pessoas consideradas em minha amostragem sentiram essa sensação de domínio sobre suas escolhas e ações. Isto é, elas acreditaram que tinham livre-arbítrio? Ou, em vez disso, achavam que na verdade não estavam na direção — que suas vidas se desenrolavam como parte de um plano maior e fora de seu controle?

Eu fiz as duas perguntas.

Perguntei a 4489 participantes: você acredita que pessoas têm livre-arbítrio — que controlam amplamente suas decisões e escolhas?

Uma imensa maioria — 82% da população — respondeu "sim".

Depois, também perguntei: você acredita que a maior parte das coisas acontece na vida com um propósito?

A grande maioria — 78% da população — também respondeu "sim".

Quando comparei as duas respostas, os resultados foram confusos. Apenas 5% da amostragem discordou de ambas as proposições. Essas pessoas disseram que não tinham livre-arbítrio e que as coisas não aconteciam com um propósito. Vamos chamá-los de *niilistas*.

Enquanto isso, 10% acreditavam que exerciam livre-arbítrio e rejeitavam a ideia de que os eventos aconteciam com um propósito. Esse grupo seria dos *individualistas*. Outros 10% têm a visão inversa. Eles disseram que o livre--arbítrio era um mito, e que tudo acontecia por algum motivo. Esses são os *fatalistas*.

Mas, de longe, o maior grupo — três em cada quatro americanos, de acordo com a pesquisa — afirmou tanto que tinha livre-arbítrio quanto que a maioria das coisas acontecia por algum motivo, duas crenças que parecem se contradizer.

Como chamar esse grupo intrigante?

Pensei sobre isso por algum tempo. E, após cuidadosa consideração, o nome que escolhi foi... *humanos*.

Olhe dentro do capô do arrependimento e verá que o motor que o move é a possibilidade de criar histórias. Nossa habilidade de experimentar esse sentimento depende de nossa imaginação voltar no tempo, reescrever acontecimentos e conceber um final mais feliz do que o original. Nossa capacidade de responder ao arrependimento, mobilizá-lo para o bem, depende de nossos talentos para a narrativa — revelar a história, analisar seus componentes, elaborar e reelaborar o próximo capítulo.

O arrependimento depende de histórias serem contadas. E isso levanta uma questão: nelas, somos o criador ou o personagem, o dramaturgo ou o ator?

Como quem respondeu à pesquisa me disse — com suas respostas que pareciam ser contraditórias e desconcertantemente humanas a minhas perguntas perfeitamente lógicas —, somos as duas coisas. Se nossas vidas são as histórias que contamos a nós mesmos, os arrependimentos nos lembram de que temos um papel duplo. Somos os autores e os atores. Podemos dar forma à trama, mas não de todo. Podemos pôr o roteiro de lado, mas nem sempre. Vivemos na interseção entre o livre-arbítrio e a circunstância.

Dan McAdams é um psicólogo da Universidade Northwestern que há muito afirma que as pessoas forjam suas identidades por meio de histórias. De acordo com sua pesquisa, duas narrativas prototípicas lutam pela primazia quando queremos perceber o sentido de nossa existência. Uma é o que ele chama de "sequências de contaminação" — nas quais os eventos passam de bons a ruins. A outra ele chama de "sequências de redenção" — nas quais os acontecimentos ruins se tornam bons.[1]

McAdams descobriu que pessoas cujas identidades envolvem narrativas de contaminação tendem a ser infelizes em suas vidas pessoais e inexpressivas em suas contribuições profissionais. Mas quem tem narrativas radicadas em redenção é o oposto. É em geral mais satisfeito e realizado — e classifica sua vida como plena de significado.

O arrependimento oferece a narrativa de redenção definitiva. É tão poderosa e afirmativa como qualquer emoção positiva. Mas chega em nossa porta usando um disfarce.

Pergunte a Cheryl Johnson.

O arrependimento que ela abrigou por ter perdido contato com sua amiga Jen continuou a importuná-la — tanto que certa manhã de maio de 2020 ela ignorou a vergonha e decidiu enviar a Jen um e-mail.

"Imagino que você ache estranho ouvir falar de mim depois de todos esses anos", começava a mensagem.

Embora não tivessem conversado por 25 anos, Jen respondeu poucas horas depois. As duas amigas decidiram então se encontrar num almoço virtual, para se reconectarem.

"Finalmente consegui dizer a ela que eu sabia que tinha cometido um erro", Cheryl me disse depois daquele almoço, "e o quanto eu lamentava ter perdido todos aqueles anos que poderíamos ter passado vendo nossas vidas andarem juntas."

A resposta de Jen?

"Mas ainda temos muitos anos pela frente."

Se pensarmos em arrependimento como este — olhar para trás para seguir em frente, agarrando o que podemos controlar e deixando de lado o que não podemos, elaborando nossas próprias histórias de redenção —, isso pode ser libertador.

Foi para mim.

Um de meus arrependimentos mais profundos foi por não ter sido mais gentil com as pessoas quando era mais jovem. Não tenho certeza se isso aconteceu por algum motivo, mas estou certo de que posso encontrar uma razão ao rememorar. Agora eu tento (nem sempre com sucesso) fazer da gentileza uma das minhas grandes prioridades.

Também me arrependo de momentos de desonestidade, que não foram terríveis, mas de algum modo continuam queimando em minha memória. Agora tento evitar pôr novos itens nessas prateleiras mentais ao trabalhar mais na coisa certa.

Eu me arrependo de certas escolhas educacionais e profissionais que fiz. Mas agora me recrimino menos por essas besteiras e uso as lições que aprendi para orientar o resto de minha vida e me ajudar nos conselhos que dou aos outros.

Eu me arrependo de não ter forjado relações mais próximas com amigos, mentores e colegas. Agora, tento me encontrar mais com eles.

Eu me arrependo de não ter assumido mais riscos empresariais e criativos, de não ter sido tão ousado quanto meu privilégio me permite e meu coração deseja. Agora... fico atento.

Após alguns anos imerso na ciência e na experiência de nossa emoção menos compreendida, descobri em mim mesmo coisas que vi nos outros. O arrependimento faz com que eu seja humano. Faz com que eu seja melhor. O arrependimento me dá esperança.

Agradecimentos

Com certeza não me arrependo de ter tantas pessoas incríveis ao meu lado. Agradecimentos especiais:

A Jake Morissey, por suas sábias (e muito necessárias) revisões da estrutura do livro, por seus refinamentos elegantes de minha deselegante prosa, e por nossas conversas regulares, que sempre foram um ponto brilhante nos dias escuros da pandemia.

À equipe Riverhead — em especial Ashley Garland, Lydia Hirt, Geoff Kloske, Jynne Dilling Martin e Ashley Sutton —, por ter posto seu cérebro e seus músculos em todos os projetos Pink.

A Rafe Sagalyn, agente literário extraordinário, por seus sábios conselhos para esta obra e por nossa parceria de 25 anos em todos os meus livros.

Aos 16 mil participantes da World Regret Survey, às quase 5 mil pessoas cujas opiniões formaram o American Regret Project e aos mais de cem entrevistados (a maioria em sessões virtuais) que falaram sobre questões (decididamente reais).

A Joseph Hinson, Nathan Torrence e Josh Kennedy, junto com a equipe em Qualtrics, por terem construído a World Regret Survey como uma ferramenta poderosa e fácil de usar.

A Fred Kofman, por ter dado partida em meu empacado carro mental com alguns empurrões de propósito.

A Cameron French, por mais uma vez ter encontrado fatos, consertado ficções e servido como um canivete suíço de talento em pesquisa.

A Tanya Maiboroda, por mais uma vez entregar gráficos de primeira classe, apesar das instruções de classe econômica.

A Sophia Pink, por seus grandes talentos quantitativos e por retirar pepitas brilhantes de insight da lama de dados.

A Eliza Pink e Saul Pink, por seu forte exemplo de como ser forte até o fim — na faculdade e no ensino médio — em meio a condições abaixo do ideal.

A Jessica Lerner, por tudo.

Notas

1. O ABSURDO FRUSTRANTE DE UMA VIDA SEM ARREPENDIMENTO [pp. 11-21]

1. Esse relato se baseia em duas biografias de Piaf — de Carolyn Burke, *No Regrets: The Life of Edith Piaf* (Londres: A&C Black, 2012), e de Jean Noli, *Edith Piaf: Trois Ans Pour Mourir* (Paris: Pocket Presses, 1978) — e em uma entrevista de 2003 com Charles Dumont (John Lichfield, "Charles Dumont: Regrets? Too Few to Mention". *The Independent*, 9 out. 2003).

2. Richard Heldenfels, "TV Mailbag: What's the Song in the Allstate Commercial?". *Akron Beacon Journal*, 8 out. 2020; Ben Wilder, "New Allstate Commercial: Actors, Location, and Music". *Out of the Wilderness*, 13 dez. 2020. Disponível em: <https://outofthewilderness.me/2020/11/08/allstate/>.

3. Norman Vincent Paele, "No Room for Regrets". *Guideposts*, 10 dez. 2008; Richard Wolf, "Ruth Bader Ginsburg, in Her 'Own Words'". *USA Today*, 3 out. 2016; Gwenda Blair, "How Norman Vincent Peale Taught Donald Trump to Worship Himself". *Politico Magazine*, 6 out. 2015; George Vecsey, "Norman Vincent Peale, Preacher of Gospel Optimism, Dies at 95". *New York Times*, 26 dez. 1993; Linda Greenhouse, "Ruth Bader Ginsburg, Supreme Court's Feminist Icon, Is Dead at 87". *New York Times*, 18 set. 2020.

4. Joyce Chen, "Angelina Jolie Wrote Foreword to Ex-Husband Billy Bob Thornton's New Memoir". *New York Daily News*, 23 fev. 2012; Natalie Robhemed, "Laverne Cox on Breaking Down Barriers in Hollywood and Beyond". *Forbes*, 13 maio 2016; Richard Feloni, "Tony Robbins Reveals What He's Learned from Financial Power Players Like Carl Icahn and Ray Dalio". *Business Insider*, 18 nov. 2014; Paul Elliot, "Slash: A Decade of Drugs Was not Money Well Spent". *Classic Rock*, 12 jun. 2015. Infelizmente, não achei as citações originais de Dylan e Travolta, mas são amplamente mencionadas e, pelo que sei, irrefutadas (ver: <https://www .reddit.com/r/quotes/comments/bdtnn5/i_dont_believe_in_regrets_regrets_just_keep_you/>.)

5. Disponível em: <https://catalog.loc.gov>.

6. Walter Liszewski, Elizabeth Kream, Sarah Helland, Amy Cavigli, Bridget C. Lavin e Andrea Murina, "The Demographics and Rates of Tattoo Complications, Regret, and Unsafe Tattooing Practices: A Cross Sectional Study". *Dermatologic Surgery*, v. 41, n. 11, 2015, pp. 1283-89; Ivan Kurniadi, Farida Tabri, Asnawi Madjid, Anis Irawan Anwar e Widya Widita. "Laser Tattoo Removal: Fundamental Principles and Practical Approach". *Dermatologic Therapy*, 2020, e14418; Harris Poll, "Tattoo Takeover: Three in Ten Americans Have Tattoos, and Most Don't Stop at Just One". 10 fev. 2016. Disponível em: <https://bit.ly/35UIndU>; Harri Leigh, "Tattoo Removal Revenue About to Hit Record". *Lehigh Valley Public Media*, 16 out. 2018; Allied Market Research, "Tattoo Removal Market Size: Industry Forecast by 2027". Out. 2020. Disponível em: <https://www.alliedmarke-tresearch.com/tattoo-removal-market>; Katherine Ellison, "Getting His Tattoo Took Less than 20 Minutes. Regret Set in Within Hours". *Washington Post*, 31 maio 2020.

7. Harry Markowitz, "Portfolio Selection". *Journal of Financ*, v. 7, 1952, pp. 77-91; Harry M. Markowitz, "Foundations of Portfolio Theory". *Journal of Finance*, v. 46, n. 2, 1991, pp. 469-77.

8. M. J. C. Forgeard, e M. E. P. Seligman, "Seeing the Glass Half Full: A Review of the Causes and Consequences of Optimism". *Pratiques Psychologiques*, v. 18, n. 2, 2012, pp. 107-20; Heather N. Rasmussen, Michael F. Scheier e Joel B. Greenhouse, "Optimism and Physical Health: A Meta--Analytic Review". *Annals of Behavioral Medicine*, v. 37, n. 3, 2009, pp. 239-56.

9. Sonja Lyubomirsky, Laura King e Ed Diener, "The Benefits of Frequent Positive Affect: Does Happiness Lead to Success?". *Psychological Bulletin*, v. 131, n. 6, 2005, p. 803.

10. Ver, por exemplo, Brett Q. Ford, Phoebe Lam, Oliver P. John e Iris B. Mauss, "The Psychological Health Benefits of Accepting Negative Emotions and Thoughts: Laboratory, Diary, and Longitudinal Evidence". *Journal of Personality and Social Psychology*, v. 115, n. 6, 2018, p. 1075.

2. POR QUE O ARREPENDIMENTO NOS TORNA HUMANOS [pp. 23-31]

1. George Greenberg e Mary FitzPatrick, "Regret as an Essential Ingredient in Psychotherapy". *The Psychotherapy Patient*, v. 5, n. 1-2, 1989, pp. 35-46.

2. David E. Bell, "Reply: Putting a Premium on Regret". *Management Science*, v. 31, n. 1, 1985, pp. 117-22

3. Chris Guthrie, "Carhart, Constitutional Rights, and the Psychology of Regret". *Southern California Law Review*, v. 81, 2007, p. 877, citando Stuart Hampshire, "Thought and Action", 1959.

4. Robert Guttentag e Jennifer Ferrell, "Reality Compared with Its Alternatives: Age Differences in Judgments of Regret and Relief". *Developmental Psychology*, v. 40, n. 5, 2004, p. 764. Ver também Brian Uprichard e Teresa McCormack, "Becoming Kinder: Prosocial Choice and the Development of Interpersonal Regret", *Child Development*, v. 90, n. 4, 2019, pp. 486-504.

5. Shalini Gautam, Thomas Suddendorf, Julie D. Henry e Jonathan Redshaw, "A Taxonomy of Mental Time Travel and Counterfactual Thought: Insights from Cognitive Development", *Behavioural Brain Research*, p. 374, 2019, v. 112108; Patrick Burns, Kevin J. Riggs e Sarah R. Beck, "Executive Control and the Experience of Regret". *Journal of Experimental Child Psychology*, v. 111, n. 3, 2012, pp. 501-15. (Essa fonte afirma que: "O surgimento tardio do arrependimento [...] é resultado das exigências executivas de, ao mesmo tempo, manter em mente e comparar uma representação dual da realidade".)

6. Eimear O'Connor, Teresa McCormack e Aidan Feeney, "The Development of Regret." *Journal of Experimental Child Psychology*, v. 111, n. 1, 2012, pp. 120-27; Teresa McCormack, Eimear O'Connor, Sarah Beck e Aidan Feeney, "The Development of Regret and Relief about the Outcomes of Risky Decisions". *Journal of Experimental Child Psychology*, v. 148, 2016, pp. 1-19; Eimear O'Connor, Teresa McCormack, Sarah R. Beck e Aidan Feeney, "Regret and Adaptive Decision Making in Young Children". *Journal of Experimental Child Psychology*, v. 135, 2015, pp. 86-92.

7. Teresa McCormack e Aidan Feeney, "The Development of the Experience and Anticipation of Regret". *Cognition and Emotion*, v. 29, n. 2, 2015, pp. 266-80.

8. Eva Rafetseder, Maria Schwitalla e Josef Perner, "Counterfactual Reasoning: From Childhood to Adulthood". *Journal of Experimental Child Psychology*, v. 114, n. 3, 2013, pp. 389-404; Robert Guttentag e Jennifer Ferrell, "Children's Understanding of Anticipatory Regret and Disappointment". *Cognition and Emotion*, v. 22, n. 5, 2008, pp. 815-32; Marianne Habib, M. Cassotti, G. Borst, G. Simon, A. Pineau, O. Houdé e S. Moutier, "Counterfactually Mediated Emotions: A Developmental Study of Regret and Relief in a Probabilistic Gambling Task". *Journal of Experimental Child Psychology*, v.112, n. 2, 2012, pp. 265-74.

9. Nathalie Camille, Giorgio Coricelli, Jerome Sallet, Pascale Pradat-Diehl, Jean-René Duhamel e Angela Sirigu, "The Involvement of the Orbitofrontal Cortex in the Experience of Regret". *Science*, v. 304, n. 5674, 2004, pp. 1167-70. Ver também Giorgio Coricelli, Hugo D. Critchley, Mateus Joffily, John P. O'Doherty, Angela Sirigu e Raymond J. Dolan, "Regret and Its Avoidance: A Neuroimaging Study of Choice Behavior". *Nature Neuroscience*, v. 8, n. 9, 2005, pp. 1255-62. (Essa fonte mostra que o mesmo circuito neural é usado para arrependimento prospectivo e arrependimento antecipado.) Stefan Ursu e Cameron S. Carter, "Outcome Representations, Counterfactual Comparisons and the Human Orbitofrontal Cortex: Implications for Neuroimaging Studies of Decision-Making". *Cognitive Brain Research*, v. 23, n. 1, 2005, pp. 51-60.

10. Federica Solca, Barbara Poletti, Stefano Zago, Chiara Crespi, Francesca Sassone, Annalisa Lafronza, Anna Maria Maraschi, Jenny Sassone, Vincenzo Silani e Andrea Ciammola, "Counterfactual Thinking Deficit in Huntington's Disease". *plos One*, v. 10, n. 6, 2015, e0126773.

11. Patrick McNamara, Raymon Durso, Ariel Brown e A. Lynch, "Counterfactual Cognitive Deficit in Persons with Parkinson's Disease". *Journal of Neurology, Neurosurgery, and Psychiatry*, v. 74, n. 8, 2003, pp. 1065-70.

12. Fernando Contreras, Auria Albacete, Pere Castellví, Agnès Caño, Bessy Benejam e José Manuel Menchón, "Counterfactual Reasoning Deficits in Schizophrenia Patients". *PLOS One*, v. 11, n. 2, 2016, e0148440; Christine Hooker, Neal J. Roese e Sohee Park, "Impoverished Counterfactual Thinking is Associated with Schizophrenia". *Psychiatry*, v. 63, n. 4, 2000, pp. 326-35. (Indivíduos psicóticos experimentam arrependimentos retrospectivos, mas parecem não ser afetados por arrependimento prospectivo quando tomam decisões.) Arielle Baskin-Sommers, Allison M. Stuppy-Sullivan e Joshua W. Buckholtz, "Psychopathic Individuals Exhibit but Do Not Avoid Regret During Counterfactual Decision Making". *Proceedings of the National Academy of Sciences*, v. 113, n. 50, 2016, pp. 14438-43.

13. Sofia Tagini, Federica Solca, Silvia Torre, Agostino Brugnera, Andrea Ciammola, Ketti Mazzocco, Roberta Ferrucci, Vincenzo Silani, Gabriella Pravettoni e Barbara Poletti, "Counterfactual Thinking in Psychiatric and Neurological Diseases: A Scoping Review". *PLOS One*, v. 16, n. 2, 2021, e0246388.

14. Thomas Gilovich e Victoria Husted Medvec, "The Temporal Pattern to the Experience of Regret". *Journal of Personality and Social Psychology*, v. 67, n. 3, 1994, p. 357. Ver também Marcel Zeelenberg e Rik Pieters, "A Theory of Regret Regulation 1.0". *Journal of Consumer Psychology*, v. 17, n. 1, 2007, pp. 3-18. ("Todas as outras emoções negativas podem ser sentidas excluindo a escolha, mas não o arrependimento."); C. Hammell e A. Y. C. Chan, "Improving Physical Task Performance with Counterfactual and Prefactual Thinking". *PLOS One*, v. 11, n. 12, 2016, e0168181. Disponível em: <https://doi.org /10.1371/journal.pone.0168181>.

15. Janet Landman, *Regret: The Persistence of the Possible*. Nova York: Oxford University Press, 1993, p. 47.

16. Marcel Zeelenberg e Rik Pieters, "A Theory of Regret Regulation 1.0". *Journal of Consumer Psychology*, v. 17, n. 1, 2007, pp. 3-18.

17. Eleanor B. Fleming, Duong Nguyen, Joseph Afful, Margaret D. Carroll e Phillip D. Woods, "Prevalence of Daily Flossing among Adults by Selected Risk Factors for Periodontal Disease — United States, 2011-2014". *Journal of Periodontology*, v. 89, n. 8, 2018, pp. 933-39; Steve Sternberg, "How Many Americans Floss Their Teeth?". *U.S. News and World Report*, 2 maio 2016.

18. Susan B. Shimanoff, "Commonly Named Emotions in Everyday Conversations". *Perceptual and Motor Skills*, 1984.

19. Colleen Saffrey, Amy Summerville e Neal J. Roese, "Praise for Regret: People Value Regret above Other Negative Emotions". *Motivation and Emotion*, v. 32, n. 1, 2008, pp. 46-54.

20. Pär Bjälkebring, Daniel Västfjäll, Ola Svenson e Paul Slovic, "Regulation of Experienced and Anticipated Regret in Daily Decision Making". *Emotion*, v. 16, n. 3, 2016, p. 381.

21. Mike Morrison e Neal J. Roese, "Regrets of the Typical American: Findings from a Nationally Representative Sample". *Social Psychological and Personality Science*, v. 2, n. 6, 2011, pp. 576-83.

22. Thomas Gilovich e Victoria Husted Medvec, "The Experience of Regret: What, When, and Why". *Psychological Review*, v. 102, n. 2, 1995, p. 379.

23. William Langley, "Edith Piaf: Mistress of Heartbreak and Pain Who Had a Few Regrets after All". *The Daily Telegraph*, 13 out. 2013.

3. OS "PELO MENOS" E OS "SE AO MENOS" [pp. 33-40]

1. Neal J. Roese e Kai Epstude, "The Functional Theory of Counterfactual Thinking: New Evidence, New Challenges, New Insights". *Advances in Experimental and Social Psychology*, v. 56, Academic Press, 2017, pp. 1-79.

2. Victoria Husted Medvec, Scott F. Madey e Thomas Gilovich. "When Less is More: Counterfactual Thinking and Satisfaction among Olympic Medalists". *Journal of Personality and Social Psychology*, v. 69, n. 4, 1995, p. 603. (O estudo também examinou medalhistas dos Empire State Games, de 1994.)

3. Scott E. Maxwell, Michael Y. Lau e George S. Howard. "Is Psychology Suffering from a Replication Crisis? What Does 'Failure to Replicate' Really Mean?". *American Psychologist*, v. 70, n. 6, 2015, p. 487; Ed Yong, "Psychology's Replication Crisis Is Running out of Excuses". *The Atlantic*, 19 nov. 2018.

4. David Matsumoto e Bob Willingham, "The Thrill of Victory and the Agony of Defeat: Spontaneous Expressions of Medal Winners of the 2004 Athens Olympic Games". *Journal of Personality and Social Psychology*, v. 91, n. 3, 2006, p. 568.

5. William M. Hedgcock, Andrea W. Luangrath e Raelyn Webster, "Counterfactual Thinking and Facial Expressions among Olympic Medalists: A Conceptual Replication of Medvec, Madey, and Gilovich's, 1995, Findings". *Journal of Experimental Psychology: General*, 2020. (Os que superaram suas expectativas sorriram mais. Embora tenha havido bastante replicação, um estudo afirmou que os medalhistas de prata tinham expectativas mais elevadas do que os de bronze, e portanto estavam mais propensos a ficarem desapontados.) A. Peter McGraw, Barbara A. Mellers e Philip E. Tetlock, "Expectations and Emotions of Olympic Athletes". *Journal of Experimental Social Psychology*, v. 41, n. 4, 2005, pp. 438-46. (Outro estudo descobriu que as expressões de medalhistas de prata e de bronze eram semelhantes, porém, em entrevistas, os de prata expressaram pensamentos mais contrafactuais.) Mark S. Allen, Sarah J. Knipler e Amy Y. C. Chan, "Happiness and Counterfactual Thinking at the 2016 Summer Olympic Games". *Journal of Sports Sciences*, v. 37, n. 15, 2019, pp. 1762-9.

6. "Emma Johansson tog os-silver i Rio". *Expressen Sport*, 7 ago. 2016. Disponível em: ‹https://www.expressen.se/sport/os-2014/emmjohansson-tog-os-silver-i-rio/›.

7. Marcel Zeelenberg e Rik Pieters, "A Theory of Regret Regulation 1.0". *Journal of Consumer Psychology*, v. 17, n. 1, 2007, pp. 3-18; Neal J. Roese e Taekyun Hur, "Affective Determinants of Counterfactual Thinking". *Social Cognition*, v. 15, n. 4, 1997, pp. 274-90; Suzanne Altobello Nasco e Kerry L. Marsh, "Gaining Control Through Counterfactual Thinking". *Personality and Social Psychology Bulletin*, v. 25, n. 5, 1999, pp. 557-69.

8. Amy Summerville e Neal J. Roese, "Dare to Compare: Fact-Based Versus Simulation-Based Comparison in Daily Life". *Journal of Experimental Social Psychology*, v. 44, n. 3, 2008, pp. 664-71.

9. Karl Halvor Teigen e Tine K. Jensen, "Unlucky Victims or Lucky Survivors? Spontaneous Counterfactual Thinking by Families Exposed to the Tsunami Disaster". *European Psychologist*, v. 16, n. 1, 2011, p. 48.

10. Veja, por exemplo, Lily FitzGibbon, Asuka Komiya e Kou Murayama, "The Lure of Counterfactual Curiosity: People Incur a Cost to Experience Regret". *Psychological Science*, v. 32, n. 2, 2021, pp. 241-55.

4. POR QUE O ARREPENDIMENTO NOS FAZ MELHORES [pp. 42-55]

1. Gillian Ku, "Learning to Deescalate: The Effects of Regret in Escalation of Commitment". *Organizational Behavior and Human Decision Processes*, v. 105, n. 2, 2008, pp. 221-32.

2. Laura J. Kray e Michele J. Gelfand, "Relief Versus Regret: The Effect of Gender and Negotiating Norm Ambiguity on Reactions to Having One's First Offer Accepted". *Social Cognition*, v. 27, n. 3, 2009, pp. 418-36.

3. Adam D. Galinsky, Vanessa L. Seiden, Peter H. Kim e Victoria Husted Medvec, "The Dissatisfaction of Having Your First Offer Accepted: The Role of Counterfactual Thinking in Negotiations". *Personality and Social Psychology Bulletin*, v. 28, n. 2, 2002, pp. 271-83.

4. Laura J. Kray, Adam D. Galinsky e Keith D. Markman, "Counterfactual Structure and Learning from Experience in Negotiations". *Journal of Experimental Social Psychology*, v. 45, n. 4, 2009, pp. 979-82.

5. Jochen Reb, "Regret Aversion and Decision Process Quality: Effects of Regret Salience on Decision Process Carefulness". *Organizational Behavior and Human Decision Processes*, v. 105, n. 2, 2008, pp. 169-82. Ver também Rachel Smallman e Neal J. Roese, "Counterfactual Thinking Facilitates Behavioral Intentions". *Journal of Experimental Social Psychology*, v. 45, n. 4, 2009, pp. 845-52.

6. Adam D. Galinsky e Gordon B. Moskowitz, "Counterfactuals as Behavioral Primes: Priming the Simulation Heuristic and Consideration of Alternatives". *Journal of Experimental Social Psychology*, v. 36, n. 4, 2000, pp. 384-409. Ver também Kai Epstude e Kai J. Jonas, "Regret and Counterfactual Thinking in the Face of Inevitability: The Case of HIV-Positive Men". *Social Psychological and Personality Science*, v. 6, n. 2, 2015, pp. 157-63. (Entre homens com HIV positivo, o arrependimento diminuiu o bem-estar, mas aumentou a propensão para praticar sexo seguro.)

7. Helen Mary Meldrum, "Reflecting or Ruminating: Listening to the Regrets of Life Science Leaders". *International Journal of Organization Theory and Behavior*, 2021.

8. Barry Schwartz, *The Paradox of Choice: Why More is Less*. Nova York: Ecco, 2004.

9. Eimear O'Connor, Teresa McCormack e Aidan Feeney, "Do Children Who Experience Regret Make Better Decisions? A Developmental Study of the Behavioral Consequences of Regret". *Child Development*, v. 85, n. 5, 2014, pp. 1995-2010.

10. Keith D. Markman, Matthew N. McMullen e Ronald A. Elizaga, "Counterfactual Thinking, Persistence, and Performance: A Test of the Reflection and Evaluation Model". *Journal of Experimental Social Psychology*, v. 44, n. 2, 2008, pp. 421-28. (Certos tipos de contrafactuais para baixo melhoraram o desempenho, embora não tanto quanto os avaliativos para cima.)

11. Neal J. Roese, "The Functional Basis of Counterfactual Thinking". *Journal of Personality and Social Psychology*, v. 66, n. 5, 1994, p. 805.

12. Keith D. Markman, Igor Gavanski, Steven J. Sherman e Matthew N. McMullen, "The Mental Simulation of Better and Worse Possible Worlds". *Journal of Experimental Social Psychology*, v. 29, n. 1, 1993, pp. 87-109.

13. Adam D. Galinsky e Gordon B. Moskowitz, "Counterfactuals as Behavioral Primes: Priming the Simulation Heuristic and Consideration of Alternatives". *Journal of Experimental Social Psychology*, v. 36, n. 4, 2000, pp. 384-409. (Nesse caso, foi o próprio pensamento contrafactual, e não a direção do contrafactual, que pareceu produzir o efeito.) Ver também Colleen Saffrey, Amy Summerville e Neal J. Roese, "Praise for Regret: People Value Regret above Other Negative Emotions". *Motivation and Emotion*, v. 32, n. 1, 2008, pp. 46-54.

14. Hongmei Gao, Yan Zhang, Fang Wang, Yan Xu, Ying-Yi Hong e Jiang Jiang, "Regret Causes Ego-Depletion and Finding Benefits in the Regrettable Events Alleviates Ego-Depletion". *Journal of General Psychology*, v. 141, n. 3, 2014, pp. 169-206.

15. Yang Wang, Benjamin F. Jones e Dashun Wang, "Early-Career Setback and Future Career Impact". *Nature Communications*, v. 10, n. 1, 2019, pp. 1-10. (Ao que parece, alguns cientistas no grupo que não havia passado por pouco abandonaram a profissão — ou ao menos não tentaram novas bolsas. No entanto, os pesquisadores concluíram que isso não havia ocorrido pela forma de seleção, que barrava cientistas talvez menos hábeis.)

16. Laura J. Kray, Linda G. George, Katie A. Liljenquist, Adam D. Galinsky, Philip E. Tetlock e Neal J. Roese, "From What Might Have Been to What Must Have Been: Counterfactual Thinking Creates Meaning". *Journal of Personality and Social Psychology*, v. 98, n. 1, 2010, p. 106. Ver também Hyeman Choi e Keith D. Markman, "'If Only I Had' Versus 'If Only I Had Not': Mental Deletions, Mental Additions, and Perceptions of Meaning in Life Events". *Journal of Positive Psychology*, v. 14, n. 5, 2019, pp. 672-80. (Contrafactuais subtrativos aumentam o significado mais do que os aditivos, que são os que costumam ser usados para se preparar para o futuro.)

17. Neal J. Roese e Kai Epstude, "The Functional Theory of Counterfactual Thinking: New Evidence, New Challenges, New Insights". *Advances in Experimental Social Psychology*, v. 56, Academic Press, 2017, pp. 1-79; Samantha J. Heintzelman, Justin Christopher, Jason Trent e Laura A. King, "Counterfactual Thinking about One's Birth Enhances Well-Being Judgments". *Journal of Positive Psychology*, v. 8, n. 1, 2013, pp. 44-9.

18. Hal Ersner-Hershfield, Adam D. Galinsky, Laura J. Kray e Brayden G. King, "Company, Country, Connections: Counterfactual Origins Increase Organizational Commitment, Patriotism, and Social Investment". *Psychological Science*, v. 21, n. 10, 2010, pp. 1479-86.

19. Abigail J. Stewart e Elizabeth A. Vandewater. "If I Had It to Do Over Again... Midlife Review, Midcourse Corrections, and Women's Well-Being in Midlife". *Journal of Personality and Social Psychology*, v. 76, n. 2, 1999, p. 270.

20. William James, *The Principles of Psychology*. v. 1-2. Pantianos Classics, 2021, pp. 432-3

21. Susan T. Fiske, "Thinking is for Doing: Portraits of Social Cognition from Daguerreotype to Laser Photo". *Journal of Personality and Social Psychology*, v. 63, n. 6, 1992, p. 877.

22. Hilary Jacobs Hendel, "Ignoring Your Emotions Is Bad for Your Health. Here's What to Do About It". *Time*, 27 fev. 2018.

23. Para uma crítica sensata dessa ideia, ver Greg Lukianoff e Jonathan Haidt, *The Coddling of the American Mind: How Good Intentions and Bad Ideas are Setting Up a Generation for Failure*. Nova York: Penguin Books, 2019.

24. Michelle Renee Monroe, John J. Skowronski, William MacDonald e Sarah E. Wood, "The Mildly Depressed Experience More Post-Decisional Regret Than The Non-Depressed". *Journal of Social and Clinical Psychology*, v. 24, n. 5, 2005, pp. 665-90; Gemma Callander, Gary P. Brown, Philip Tata e Lesley Regan, "Counterfactual Thinking and Psychological Distress Following Recurrent Miscarriage". *Journal of Reproductive and Infant Psychology*, v. 25, n. 1, 2007, pp. 51-65; Ora Gilbar, Nirit Plivazky e Sharon Gil, "Counterfactual Thinking, Coping Strategies, and Coping Resources as Predictors of PTSD Diagnosed in Physically Injured Victims of Terror Attacks". *Journal of Loss and Trauma*, v. 15, n. 4, 2010, pp. 304-24.

25. Colleen Saffrey, Amy Summerville e Neal J. Roese, "Praise for Regret: People Value Regret above Other Negative Emotions". *Motivation and Emotion*, v. 32, n. 1, 2008, pp. 46-54.

26. Anne Gene Broomhall, Wendy J. Phillips, Donald W. Hine e Natasha M. Loi, "Upward Counterfactual Thinking and Depression: A Meta-Analysis". *Clinical Psychology Review*, v. 55, 2017, pp. 56-73; Neal J. Roese, Kai Epstude, Florian Fessel, Mike Morrison, Rachel Smallman, Amy Summerville, Adam D. Galinsky e Suzanne Segerstrom, "Repetitive Regret, Depression, and Anxiety: Findings from a Nationally Representative Survey". *Journal of Social and Clinical Psychology*, v. 28, n. 6, 2009, pp. 671-88.

27. Marcel Zeelenberg e Rik Pieters, "A Theory of Regret Regulation 1.0". *Journal of Consumer Psychology*, v. 17, n. 1, 2007, pp. 3-18. Zeelenberg e Pieters afirmam que "sentimento é para fazer", notando que o afeto negativo é um "sinal para o organismo de que é necessário realizar uma ação corretiva e refletir".

28. Alia J. Crum, Peter Salovey e Shawn Achor. "Rethinking Stress: The Role of Mindsets in Determining the Stress Response". *Journal of Personality and Social Psychology*, v. 104, n. 4, 2013, p. 716.

29. Brett Q. Ford, Phoebe Lam, Oliver P. John e Iris B. Mauss, "The Psychological Health Benefits of Accepting Negative Emotions and Thoughts: Laboratory, Diary, and Longitudinal Evidence". *Journal of Personality and Social Psychology*, v. 115, n. 6, 2018, p. 1075.

30. Laura J. Kray, Linda G. George, Katie A. Liljenquist, Adam D. Galinsky, Philip E. Tetlock e Neal J. Roese, "From What Might Have Been to What Must Have Been: Counterfactual Thinking Creates Meaning". *Journal of Personality and Social Psychology*, v. 98, n. 1, 2010, p. 106.

31. Andrea Codrington Lippke, "In Make-Do Objects, Collectors Find Beauty Beyond Repair". *New York Times*, 15 dez. 2010.

5. O ARREPENDIMENTO À PRIMEIRA VISTA [pp. 59-67]

1. U.S. Department of Commerce, Bureau of the Census, Current Population Reports. Série P-20, n. 45, 22 out. 1953, tabela 11.

2. Hazel Erskine, "The Polls: Hopes, Fears, and Regrets". *Public Opinion Quarterly*, v. 37, n. 1, 1973, pp. 132-45.

3. Janet Landman e Jean D. Manis, "What Might Have Been: Counterfactual Thought Concerning Personal Decisions". *British Journal of Psychology*, v. 83, n. 4, 1992, pp. 473-7.

4. Arlene T. Metha, Richard T. Kinnier e Ellen H. McWhirter, "A Pilot Study on The Regrets and Priorities of Women". *Psychology of Women Quarterly*, v.13, n. 2, 1989, pp. 167-74.

5. Len Lecci, Morris A. Okun e Paul Karoly, "Life Regrets and Current Goals as Predictors of Psychological Adjustment". *Journal of Personality and Social Psychology*, v. 66, n. 4, 1994, p. 731.

6. Mary Kay DeGenova, "If You Had Your Life to Live Over Again: What Would You Do Differently?". *International Journal of Aging and Human Development*, v. 34, n. 2, 1992, pp. 135-43.

7. Thomas Gilovich e Victoria Husted Medvec, "The Temporal Pattern to the Experience of Regret". *Journal of Personality and Social Psychology*, v. 67, n. 3, 1994, p. 357.

8. Nina Hattiangadi, Victoria Husted Medvec e Thomas Gilovich. "Failing to Act: Regrets of Terman's Geniuses". *International Journal of Aging and Human Development*, v. 40, n. 3, 1995, pp. 175-85. (Esses homens e essas mulheres eram chamados "termites" — as crianças prodígios que Lewis Terman começou a estudar na década de 1920 e cujos percursos ele e os colegas continuaram a traçar ao longo de suas vidas.)

9. Neal J. Roese e Amy Summerville, "What We Regret Most... and Why". *Personality and Social Psychology Bulletin*, v. 31, n. 9, 2005, pp. 1273-85.

10. Mike Morrison e Neal J. Roese, "Regrets of the Typical American: Findings from a Nationally Representative Sample". *Social Psychological and Personality Science*, v. 2, n. 6, 2011, pp. 576-83.

6. OS QUATRO ARREPENDIMENTOS ESSENCIAIS [pp. 69-75]

1. Noam Chomsky, *Syntactic Structures*. Nova York: De Gruyter Mouton, 2009 [ed. bras.: *Estruturas sintáticas*. Rio de Janeiro: Vozes, 2015]; Noam Chomsky, *Deep Structure, Surface Structure and Semantic Interpretation*. Nova York: De Gruyter Mouton, 2019; Stephen R. Anderson, "On the Role of Deep Structure in Semantic Interpretation". *Foundations of Language*, 1971, pp. 387-96.

2. Noam Chomsky, Aspects of the Theory of Syntax. Cambridge, MA: MIT Press, 1965. [Ed. bras.: *Aspectos da teoria da linguagem*. São Paulo: Almedina, 1978.]

7. ARREPENDIMENTOS DE BASE [pp. 77-87]

1. Ted O'Donoghue e Matthew Rabin, "Doing It Now or Later". *American Economic Review*, v. 89, n. 1, 1999, pp. 103-24; Shane Frederick, George Loewenstein e Ted O'Donoghue, "Time Discounting and Time Preference: A Critical Review". *Journal of Economic Literature*, v. 40, n. 2, 2002, pp. 351-401.

2. Jamie E. Robbins, Leilani Madrigal e Christopher T. Stanley, "Retrospective Remorse: College Athletes' Reported Regrets from a Single Season". *Journal of Sport Behavior*, v. 38, n. 2, 2015.

3. Ernest Hemingway, The Sun also Rises. Nova York: Scribner, 1954. [Ed. bras.: *O sol também se levanta*. Rio de Janeiro: Bertrand Brasil, 2014.]

4. William A. Wagenaar e Sabato D. Sagaria, "Misperception of Exponential Growth". *Perception and Psychophysics*, v. 18, n. 6, 1975, pp. 416-22; Matthew Levy e Joshua Tasoff, "Exponential Growth Bias and Lifecycle Consumption". *Journal of the European Economic Association*, v. 14, n. 3, 2016, pp. 545-83.

5. Edward E. Jones e Victor A. Harris, "The Attribution of Attitudes". *Journal of Experimental Social Psychology*, v. 3, n. 1, 1967, pp. 1-24; Harold H. Kelley, "The Processes of Causal Attribution". *American Psychologist*, v. 28, n. 2, 1973, p. 107; Daryl J. Bem, "Self-Perception Theory". *Advances in Experimental Social Psychology*, v. 6, Academic Press, 1972, pp. 1-62; Lee Ross, "The Intuitive Psychologist and His Shortcomings: Distortions in the Attribution Process". *Advances in Experimental Social Psychology*, v. 10, Academic Press, 1977, pp. 173-220; Joseph Henrich, Steven J. Heine e Ara Norenzayan. "The Weirdest People in the World?". *Behavioral and Brain Sciences*, v. 33, n. 2-3, 2010, pp. 61-83.

8. ARREPENDIMENTOS DE OUSADIA [pp. 89-98]

1. Paul T. Costa e Robert R. McCrae, "Revised NEO Personality Inventory (NEO-PI-R) and NEO five-factor inventory (NEO-FFI)". *Psychological Assessment Resources*, 1992; Deniz S. Ones e Stephan Dilchert, "How Special Are Executives? How Special Should Executive Selection Be? Observations and Recommendations". *Industrial and Organizational Psychology*, v. 2, n. 2, 2009, pp. 163-70.

2. Seth Margolis e Sonja Lyubomirsky, "Experimental Manipulation of Extraverted and Introverted Behavior and Its Effects on Well-Being". *Journal of Experimental Psychology: General*, v. 149, n. 4, 2020, p. 719. Ver também E. Kuijpers, J. Pickett, B. Wille e J. Hofmans, "Do You Feel

Better When You Behave More Extraverted than You Are? The Relationship Between Cumulative Counterdispositional Extraversion and Positive Feelings". *Personality and Social Psychology Bulletin*, 2021: 01461672211015062.

3. Thomas Gilovice e Victoria Husted Medvec, "The Temporal Pattern to the Experience of Regret". *Journal of personality and social psychology*, v. 67, n. 3, 1994, p. 357; Thomas Gilovich e Victoria Husted Medvec, "The Experience of Regret: What, When, and Why". *Psychological Review*, v. 102, n. 2, 1995, p. 379.

4. Thomas Gilovich, Ranxiao Frances Wang, Dennis Regan e Sadafumi Nishina, "Regrets of Action and Inaction Across Cultures". *Journal of Cross-Cultural Psychology*, v. 34, n. 1, 2003, pp. 61-71. Ver também Jing Chen, Chi-Yue Chiu, Neal J. Roese, Kim-Pong Tam e Ivy Yee-Man Lau, "Culture and Counterfactuals: On the Importance of Life Domains". *Journal of Cross-Cultural Psychology*, v. 37, n. 1, 2006, pp. 75-84.

5. Thomas Gilovich e Victoria Husted Medvec, "The Temporal Pattern to the Experience of Regret". *Journal of Personality and Social Psychology*, v. 67, n. 3, 1994, p. 357; Thomas Gilovich e Victoria Husted Medvec, "The Experience of Regret: What, When, and Why". *Psychological Review*, v. 102, n. 2, 1995, p. 379; Ver também Kenneth Savitsky, Victoria Husted Medvec e Thomas Gilovich, "Remembering and Regretting: The Zeigarnik Effect and the Cognitive Availability of Regrettable Actions and Inactions". *Personality and Social Psychology Bulletin*, v. 23, n. 3, 1997, pp. 248-57.

6. O. Nash, *The Best of Ogden Nash*. Chicago: Ivan R. Dee, 2007.

9. ARREPENDIMENTOS MORAIS [pp. 100-13]

1. Jonathan Haidt, The Righteous Mind: Why Good People are Divided by Politics and Religion. Nova York: Vintage, 2012. [Ed. bras.: *A mente moralista: Por que pessoas boas são segregadas por política e religião*. Rio de Janeiro: Alta Cult, 2020.] (Recomendo também outros livros de Haidt: Greg Lukianoff e Jonathan Haidt, *The Coddling of the American Mind: How Good Intentions and Bad Ideas Are Setting Up a Generation for Failure*. Nova York: Penguin Books, 2019; Jonathan Haidt, *The Happiness Hypothesis: Finding Modern Truth in Ancient Wisdom*. Nova York: Basic Books, 2006.)

2. Jonathan Haidt, "The Emotional Dog and Its Rational Tail: A Social Intuitionist Approach to Moral Judgment". *Psychological Review*, v. 108, n. 4, 2001, p. 814; Jonathan Haidt, Fredrik Bjorklund e Scott Murphy, "Moral Dumbfounding: When Intuition Finds No Reason". Manuscrito não publicado, University of Virginia, 2000, pp. 191-221.

3. Jesse Graham, Jonathan Haidt e Brian A. Nosek, "Liberals and Conservatives Rely on Different Sets of Moral Foundations". *Journal of Personality and Social Psychology*, v. 96, n. 5, 2009, p. 1029.

4. Jesse Graham, Jonathan Haidt, Sena Koleva, Matt Motyl, Ravi Iyer, Sean P. Wojcik e Peter H. Ditto. "Moral Foundations Theory: The Pragmatic Validity of Moral Pluralism". *Advances in Experimental Social Psychology*, v. 47, Academic Press, 2013, pp. 55-130.

5. Ibid.

6. Jesse Graham, Jonathan Haidt, Matt Motyl, Peter Meindl, Carol Iskiwitch e Marlon Mooijman, "Moral Foundations Theory". *Atlas of Moral Psychology*, 2018, pp. 211-22.

7. Robert Staughton Lynd e Helen Merrell Lynd, Middletown: A Study in Contemporary American Culture. Nova York: Harcourt, Brace, and Company, 1929.

8. Jonathan Haidt, The Righteous Mind: Why Good People Are Divided by Politics and Religion. Nova York: Vintage, 2012, p. 163

9. "Americans' Abortion Views Steady in Past Year". Disponível em: <https://news.gallup.com/poll/313094/americans-abortion-views-steady-past-year.aspx>.

10. Émile Durkheim, The Elementary Forms of the Religious Life. [1912]. Nova York: Free Press, 1965, p. 34. [Ed. bras.: *As formas elementares da vida religiosa*. São Paulo: Martins Fontes, 2014.]

10. ARREPENDIMENTOS DE CONEXÃO [pp. 115-27]

1. A organização era tecnicamente uma "fraternidade de mulheres" porque não era uma organização-irmã de uma fraternidade de homens, como é a maioria das *sororities*. Mas parecia e funcionava como uma, por isso uso o termo.

2. Mike Morrison, Kai Epstude e Neal J. Roese, "Life Regrets and the Need to Belong". *Social Psychological and Personality Science*, v. 3, n. 6, 2012, pp. 675-81.

3. Veja, por exemplo, Tal Eyal, Mary Steffel e Nicholas Epley, "Perspective Mistaking: Accurately Understanding the Mind of Another Requires Getting Perspective, Not Taking Perspective". *Journal of Personality and Social Psychology*, v. 114, n. 4, 2018, p. 547.

4. Nicholas Epley e Juliana Schroeder, "Mistakenly Seeking Solitude". *Journal of Experimental Psychology: General*, v. 143, n. 5, 2014, p. 1980.

5. Erica J. Boothby e Vanessa K. Bohns, "Why a Simple Act of Kindness Is Not as Simple as It Seems: Underestimating the Positive Impact of Our Compliments on Others". *Personality and Social Psychology Bulletin*, 2020: 0146167220949003.

6. Dale T. Miller e Cathy McFarland, "Pluralistic Ignorance: When Similarity Is Interpreted as Dissimilarity". *Journal of Personality and Social Psychology*, v. 53, n. 2, 1987, p. 298; Deborah A. Prentice e Dale T. Miller, "Pluralistic Ignorance and the Perpetuation of Social Norms by Unwitting Actors". *Advances in Experimental Social Psychology*, v. 28, Academic Press, 1996, pp. 161-209; Deborah A. Prentice e Dale T. Miller. "Pluralistic Ignorance and Alcohol Use on Campus: Some Consequences of Misperceiving the Social Norm". *Journal of Personality and Social Psychology*, v. 64, n. 2, 1993, p. 243.

7. Liz Mineo, "Good Genes are Nice, but Joy is Better". *Harvard Gazette*, p. 11, 2017.

8. Ibid.

9. Outras pesquisas mencionam um número mais alto, embora ainda seja uma pequena minoria de pais em todo o mundo. Veja, por exemplo, Konrad Piotrowski, "How Many Parents Regret Having Children and How It Is Linked to Their Personality and Health: Two Studies with National Samples in Poland". *PLOS One*, v. 16, n. 7, 2021, e0254163.

10. Ahra Ko, Cari M. Pick, Jung Yul Kwon, Michael Barlev, Jaimie Arona Krems, Michael EW Varnum, Rebecca Neel, et al. "Family Matters: Rethinking the Psychology of Human Social Motivation". *Perspectives on Psychological Science*, v. 15, n. 1, 2020, pp. 173-201.

11. George E. Vaillant, "Happiness Is Love: Full Stop". Manuscrito não publicado, 2012.

11. OPORTUNIDADE E OBRIGAÇÃO [pp. 129-35]

1. E. Tory Higgins, "Self-Discrepancy: A Theory Relating Self and Affect". *Psychological Review*, v. 94, n. 3, 1987, p. 319

2. Shai Davidai e Thomas Gilovich, "The Ideal Road Not Taken: The Self-Discrepancies Involved in People's Most Enduring Regrets". *Emotion*, v. 18, n. 3, 2018, p. 439. (Eles também sugerem que nossos "eus" ideais são menos alcançáveis, envolvem mais valores abstratos do que ações concretas e são menos dependentes de contexto do que nossos "eus tenho de".)

3. Veja, por exemplo, Samantha Joel, Jason E. Plaks e Geoff MacDonald, "Nothing Ventured, Nothing Gained: People Anticipate More Regret from Missed Romantic Opportunities than from Rejection". *Journal of Social and Personal Relationships*, v. 36, n. 1, 2019, pp. 305-36.

4. Neal J. Roese e Amy Summerville, "What We Regret Most... and Why". *Personality and Social Psychology Bulletin*, v. 31, n. 9, 2005, pp. 1273-85.

5. Isso se torna mais claro quando examinamos diferenças de arrependimentos entre culturas norte-americana e asiáticas. Ainda que essas diferenças não sejam grandes, pessoas em lugares como Japão e Coreia são mais propensas a expressar arrependimentos interpessoais, enquanto norte-americanos são mais propensos a expressar arrependimentos auto-orientados. Veja Asuka Komiya, Yuri Miyamoto, Motoki Watabe e Takashi Kusumi. "Cultural Grounding of Regret: Regret in Self and Interpersonal Contexts". *Cognition and Emotion*, v. 25, n. 6, 2011, pp. 1121-30; Taekyun Hur, Neal J. Roese e Jae-Eun Namkoong, "Regrets in the East and West: Role of Intrapersonal Versus Interpersonal Norms". *Asian Journal of Social Psychology*, v. 12, n. 2, 2009, pp. 151-6; Asuka Komiya, Shigehiro Oishi e Minha Lee, "The Rural-Urban Difference in Interpersonal Regret". *Personality and Social Psychology Bulletin*, v. 42, n. 4, 2016, pp. 513-25.

12. REPARAÇÕES E "PELO MENOS" [pp. 139-44]

1. Marcel Zeelenberg, Joop van der Pligt e Antony S. R. Manstead, "Undoing Regret on Dutch Television: Apologizing for Interpersonal Regrets Involving Actions or Inactions". *Personality and Social Psychology Bulletin*, v. 24, n. 10, 1998, pp. 1113-9.

2. Erving Goffman, *Relations in Public*. New Brunswick, NJ: Transaction Publishers, 2009, p. 114.

3. Johannes Emmerling e Salmai Qari, "Car Ownership and Hedonic Adaptation". *Journal of Economic Psychology*, v. 61, 2017, pp. 29-38.

4. Veja, por exemplo, D. T. Gilbert, E. C. Pinel, T. D. Wilson, S. J. Blumberg e T. P. Wheatley, "Immune Neglect: A Source of Durability Bias in Affective Forecasting". *Journal of Personality and Social Psychology*, v. 75, n. 3, 1998, p. 617.

13. REVELAÇÃO, COMPAIXÃO E DISTÂNCIA [pp. 146-62]

1. Robert O. Deaner, Amit V. Khera e Michael L. Platt, "Monkeys Pay Per View: Adaptive Valuation of Social Images by Rhesus Macaques". *Current Biology*, v. 15, n. 6, 2005, pp. 543-8.

2. Diana I. Tamir e Jason P. Mitchell, "Disclosing Information about the Self Is Intrinsically Rewarding". *Proceedings of the National Academy of Sciences*, v. 109, n. 21, 2012, pp. 8038-43

3. Ibid.

4. Joanne Frattaroli, "Experimental Disclosure and Its Moderators: A Meta-Analysis". *Psychological Bulletin*, v. 132, n. 6, 2006, p. 823.

5. Diana I. Tamir e Jason P. Mitchell, op. cit.

6. Sonja Lyubomirsky, Lorie Sousa e Rene Dickerhoof, "The Costs and Benefits of Writing, Talking, and Thinking about Life's Triumphs and Defeats". *Journal of Personality and Social Psychology*, v. 90, n. 4, 2006, p. 692.

7. Torre See, Jared B. e Matthew D. Lieberman, "Putting Feelings into Words: Affect Labeling as Implicit Emotion Regulation". *Emotion Review*, v. 10, n. 2, 2018, pp. 116-24.

8. Sonja Lyubomirsky, Lorie Sousa e Rene Dickerhoof, "The Costs and Benefits of Writing, Talking, and Thinking about Life's Triumphs and Defeats". *Journal of Personality and Social Psychology*, v. 90, n. 4, 2006, p. 692. (Ênfase acrescentada.)

9. Nancy L. Collins e Lynn Carol Miller, "Self-Disclosure and Liking: A Meta-Analytic Review". *Psychological Bulletin*, v. 116, n. 3, 1994, p. 457. (Ênfase acrescentada.)

10. James W. Pennebaker, "Putting Stress into Words: Health, Linguistic, and Therapeutic Implications". *Behaviour Research and Therapy*, v. 31, n. 6, 1993, pp. 539-48; James W. Pennebaker e Cindy K. Chung, "Expressive Writing, Emotional Upheavals, and Health". In: Howard S. Friedman e Roxane Cohen Silver (org.). *Foundations of Health Psychology*. Nova York: Oxford University Press, 2007; James W. Pennebaker, "Writing about Emotional Experiences as a Therapeutic Process". *Psychological Science*, v. 8, n. 3, 1997, pp. 162-6; Eva-Maria Gortner, Stephanie S. Rude e James W. Pennebaker, "Benefits of Expressive Writing in Lowering Rumination and Depressive Symptoms". *Behavior Therapy*, v. 37, n. 3, 2006, pp. 292-303.

11. James W. Pennebaker, "Writing about Emotional Experiences as a Therapeutic Process". *Psychological Science*, v. 8, n. 3, 1997, pp. 162-6.

12. Margo E. Killham, Amber D. Mosewich, Diane E. Mack, Katie E. Gunnell e Leah J. Ferguson, "Women Athletes' Self-Compassion, Self-Criticism, and Perceived Sport Performance". *Sport, Exercise, and Performance Psychology*, v. 7, n. 3, 2018, p. 297; Theodore A. Powers, Richard Koestner, David C. Zuroff, Marina Milyavskaya e Amy A. Gorin, "The Effects of Self-Criticism and Self-Oriented Perfectionism on Goal Pursuit". *Personality and Social Psychology Bulletin*, v. 37, n. 7, 2011, pp. 964-75; Theodore A. Powers, Richard Koestner e David C. Zuroff, "Self-Criticism, Goal Motivation, and Goal Progress". *Journal of Social and Clinical Psychology*, v. 26, n. 7, 2007, pp. 826-40; Leslie P. Kamen e Martin E. P. Seligman, "Explanatory Style and Health". *Current Psychology*, v. 6, n. 3, 1987, pp. 207-18; Gregory McClell Buchanan, Martin E. P. Seligman e Martin Seligman (org.). *Explanatory Style*. Nova York: Routledge, 2013.

13. Roy F. Baumeister, Jennifer D. Campbell, Joachim I. Krueger e Kathleen D. Vohs, "Does High Self-Esteem Cause Better Performance, Interpersonal Success, Happiness, or Healthier Lifestyles?". *Psychological Science in the Public Interest*, v. 4, n. 1, 2003, pp. 1-44.

14. Roy F. Baumeister, Laura Smart e Joseph M. Boden. "Relation of Threatened Egotism to Violence and Aggression: The Dark Side of High Self-Esteem". *Psychological Review*, v. 103, n. 1, 1996, p. 5; Robert Raskin, Jill Novacek e Robert Hogan, "Narcissism, Self-Esteem, and Defensive Self-Enhancement". *Journal of Personality*, v. 59, n. 1, 1991, pp. 19-38; W. Keith Campbell, Eric A.

Rudich e Constantine Sedikides, "Narcissism, Self-Esteem, and the Positivity of Self-Views: Two Portraits of Self-Love". *Personality and Social Psychology Bulletin*, v. 28, n. 3, 2002, pp. 358-68; Christopher L. Aberson, Michael Healy e Victoria Romero, "Ingroup Bias and Self-Esteem: A Meta-Analysis". *Personality and Social Psychology Review*, v. 4, n. 2, 2000, pp. 157-73.

15. Kristin D. Neff, Kristin L. Kirkpatrick e Stephanie S. Rude, "Self-Compassion and Adaptive Psychological Functioning". *Journal of Research in Personality*, v. 41, n. 1, 2007, pp. 139-54.

16. Madeleine Ferrari, Caroline Hunt, Ashish Harrysunker, Maree J. Abbott, Alissa P. Beath e Danielle A. Einstein, "Self-Compassion Interventions and Psychosocial Outcomes: A Meta-Analysis of RCTs". *Mindfulness*, v. 10, n. 8, 2019, pp. 1455-73; Kristin D. Neff e Christopher K. Germer, "A Pilot Study and Randomized Controlled Trial of the Mindful Self-Compassion Program". *Journal of Clinical Psychology*, v. 69, n. 1, 2013, pp. 28-44.

17. Kristin D. Neff, Stephanie S. Rude e Kristin L. Kirkpatrick, "An Examination of Self-Compassion in Relation to Positive Psychological Functioning and Personality Traits". *Journal of Research in Personality*, v. 41, n. 4, 2007, pp. 908-16.

18. Kristin D. Neff e Christopher K. Germer, "A Pilot Study and Randomized Controlled Trial of the Mindful Self-Compassion Program". *Journal of Clinical Psychology*, v. 69, n. 1, 2013, pp. 28-44.

19. Mohebi Mahmoud e Zarei Sahar, "The Relationship between Mental Toughness and Self-Compassion in Elite and Non-Elite Adolescent Taekwondo Athletes". *Journal of Motor and Behavioral Sciences*, v. 2, n. 1, 2019, pp. 21-31.

20. Kristin D. Neff, "Self-Compassion, Self-Esteem, and Well-Being". *Social and Personality Psychology Compass*, v. 5, n. 1, 2011, pp. 1-12.

21. Jonathan Greenberg, Tanya Datta, Benjamin G. Shapero, Gunes Sevinc, David Mischoulon e Sara W. Lazar, "Compassionate Hearts Protect against Wandering Minds: Self-Compassion Moderates the Effect of Mind-Wandering on Depression". *Spirituality in Clinical Practice*, v. 5, n. 3, 2018, p. 155.

22. Kristin D. Neff, YaPing Hsieh e Kullaya Dejitterat, "Self-Compassion, Achievement Goals, and Coping with Academic Failure". *Self and Identity*, v. 4, n. 3, 2005, pp. 263-87.

23. Ulli Zessin, Oliver Dickhäuser e Sven Garbade, "The Relationship between Self-Compassion and Well-Being: A Meta-Analysis". *Applied Psychology: Health and Well-Being*, v. 7, n. 3, 2015, pp. 340-64.

24. Sarah-Jane Winders, Orlagh Murphy, Kathy Looney e Gary O'Reilly, "Self-Compassion, Trauma, and Posttraumatic Stress Disorder: A Systematic Review". *Clinical Psychology and Psychotherapy*, v. 27, n. 3, 2020, pp. 300-29; Regina Hiraoka, Eric C. Meyer, Nathan A. Kimbrel, Bryann B. DeBeer, Suzy Bird Gulliver e Sandra B. Morissette. "Self-Compassion as a Prospective Predictor of PTSD Symptom Severity among Trauma-Exposed US Iraq and Afghanistan War Veterans". *Journal of Traumatic Stress*, v. 28, n. 2, 2015, pp. 127-33.

25. Wendy J. Phillips e Donald W. Hine, "Self-Compassion, Physical Health, and Health Behaviour: A Meta-Analysis". *Health Psychology Review*, v. 15, n. 1, 2021, pp. 113-39.

26. Jia Wei Zhang e Serena Chen, "Self-Compassion Promotes Personal Improvement from Regret Experiences Via Acceptance". *Personality and Social Psychology Bulletin*, v. 42, n. 2, 2016, pp. 244-58.

27. Veja, por exemplo, Juliana G. Breines e Serena Chen, "Self-Compassion Increases Self-Improvement Motivation". *Personality and Social Psychology Bulletin*, v. 38, n. 9, 2012, pp. 1133-43.

28. Kristin D. Neff, "Self-Compassion, Self-Esteem, and Well-Being". *Social and Personality Psychology Compass*, v. 5, n. 1, 2011, pp. 1-12.

29. Ethan Kross e Özlem Ayduk, "Making Meaning out of Negative Experiences by Self--Distancing". *Current Directions in Psychological Science*, v. 20, n. 3, 2011, pp. 187-91.

30. Ethan Kross, Özlem Ayduk e Walter Mischel, "When Asking 'Why' Does Not Hurt Distinguishing Rumination from Reflective Processing of Negative Emotions". *Psychological Science*, v. 16, n. 9, 2005, pp. 709-15.

31. Ethan Kross e Özlem Ayduk, "Self-Distancing: Theory, Research, and Current Directions". *Advances in Experimental Social Psychology*, v. 55, Academic Press, 2017, pp. 81-136.

32. Igor Grossmann, Anna Dorfman, Harrison Oakes, Henri C. Santos, Kathleen D. Vohs e Abigail A. Scholer, "Training for Wisdom: The Distanced-Self-Reflection Diary Method". *Psychological Science*, v. 32, n. 3, 2021, pp. 381-94.

33. Özlem Ayduk e Ethan Kross, "Enhancing the Pace of Recovery: Self-Distanced Analysis of Negative Experiences Reduces Blood Pressure Reactivity". *Psychological Science*, v. 19, n. 3, 2008, pp. 229-31.

34. Igor Grossmann e Ethan Kross, "Exploring Solomon's Paradox: Self-Distancing Eliminates the Self-Other Asymmetry in Wise Reasoning about Close Relationships in Younger and Older Adults". *Psychological Science*, v. 25, n. 8, 2014, pp. 1571-80.

35. Jordan B. Leitner, Özlem Ayduk, Rodolfo Mendoza-Denton, Adam Magerman, Rachel Amey, Ethan Kross e Chad E. Forbes, "Self-Distancing Improves Interpersonal Perceptions and Behavior by Decreasing Medial Prefrontal Cortex Activity during the Provision of Criticism". *Social Cognitive and Affective Neuroscience*, v. 12, n. 4, 2017, pp. 534-43. Ver também Adam Waytz, Hal E. Hershfield e Diana I. Tamir, "Mental Simulation and Meaning in Life". *Journal of Personality and Social Psychology*, v. 108, n. 2, 2015, p. 336.

36. Manoj Thomas e Claire I. Tsai, "Psychological Distance and Subjective Experience: How Distancing Reduces the Feeling of Difficulty". *Journal of Consumer Research*, v. 39, n. 2, 2012, pp. 324-40.

37. Ethan Kross e Özlem Ayduk, "Self-Distancing: Theory, Research, and Current Directions". *Advances in Experimental Social Psychology*, v. 55, Academic Press, 2017, pp. 81-136.

38. Emma Bruehlman-Senecal e Özlem Ayduk, "This Too Shall Pass: Temporal Distance and the Regulation of Emotional Distress". *Journal of Personality and Social Psychology*, v. 108, n. 2, 2015, p. 356.

39. SoYon Rim e Amy Summerville, "How Far to the Road Not Taken? The Effect of Psychological Distance on Counterfactual Direction". *Personality and Social Psychology Bulletin*, v. 40, n. 3, 2014, pp. 391-401.

40. Ethan Kross e Özlem Ayduk, "Self-Distancing: Theory, Research, and Current Directions". *Advances in Experimental Social Psychology*, v. 55, Academic Press, 2017, pp. 81-136.

41. Igor Grossmann, Anna Dorfman, Harrison Oakes, Henri C. Santos, Kathleen D. Vohs e Abigail A. Scholer. "Training for Wisdom: The Distanced-Self-Reflection Diary Method". *Psychological Science*, v. 32, n. 3, 2021, pp. 381-94. Ver também Ethan Kross, Emma Bruehlman-Senecal, Jiyoung Park, Aleah Burson, Adrienne Dougherty, Holly Shablack, Ryan Bremner, Jason Moser e Özlem Ayduk, "Self-Talk as a Regulatory Mechanism: How You Do It Matters". *Journal of Personality and Social Psychology*, v. 106, n. 2, 2014, p. 304.

42. Sanda Dolcos e Dolores Albarracín, "The Inner Speech of Behavioral Regulation: Intentions and Task Performance Strengthen When You Talk to Yourself as a You". *European Journal of Social Psychology*, v. 44, n. 6, 2014, pp. 636-42.

43. Ariana Orvell, Ethan Kross e Susan A. Gelman, "How 'You' Makes Meaning". *Science*, v. 355, n. 6331, 2017, pp. 1299-302.

44. Ethan Kross, Brian D. Vickers, Ariana Orvell, Izzy Gainsburg, Tim P. Moran, Margaret Boyer, John Jonides, Jason Moser e Özlem Ayduk, "Third-Person Self-Talk Reduces Ebola Worry and Risk Perception by Enhancing Rational Thinking". *Applied Psychology: Health and Well-Being*, v. 9, n. 3, 2017, pp. 387-409.

45. Jason S. Moser, Adrienne Dougherty, Whitney I. Mattson, Benjamin Katz, Tim P. Moran, Darwin Guevarra, Holly Shablack et al. "Third-Person Self-Talk Facilitates Emotion Regulation without Engaging Cognitive Control: Converging Evidence from ERP and MRI". *Scientific Reports*, v. 7, n. 1, 2017, pp. 1-9.

46. Esse exemplo vem de um de meus livros de negócios favorito: Chip Heath e Dan Heath, *Decisive: How to Make Better Choices in Life and Work*. Nova York: Random House, 2013. [Ed. bras.: *Gente que resolve: Como fazer as melhores escolhas em qualquer momento da sua vida*. São Paulo: Benvirá, 2014.]

47. Minkyung Koo, Sara B. Algoe, Timothy D. Wilson e Daniel T. Gilbert, "It's a Wonderful Life: Mentally Subtracting Positive Events Improves People's Affective States, Contrary to Their Affective Forecasts". *Journal of Personality and Social Psychology*, v. 95, n. 5, 2008, p. 1217.

14. ANTECIPANDO O ARREPENDIMENTO [pp. 164-77]

1. Os detalhes completos da história e das motivações profundas de Nobel são nebulosos, e alguns deles não se sustentam juntos. Veja Troy Lenon, "Swedish Inventor Alfred Nobel Was Spurred by His Obituary to Create the Nobel Prize". *Daily Telegraph*, 12 abr. 2018; Evan Andrews, "Did a Premature Obituary Inspire the Nobel Prize?". *History.com*, 23 jul. 2020. Disponível em: <https://www.history.com/news/did-a-premature-obituary-inspire-the-nobel-prize>. Mas a história foi contada e recontadas muitas vezes, inclusive nos discursos de aceitação de laureados com o prêmio. Veja, por exemplo, Al Gore, "The Nobel Lecture Given by the Nobel Peace Prize Laureate 2007, Al Gore (Oslo, 10 dez. 2007)". The Nobel Foundation, Oslo, 2007.

2. Joyce Chapman, "Leveraging Regret: Maximizing Survey Participation at the Duke University Libraries". Ithaka S+R blog, 23 maio 2017. Disponível em: <https://sr.ithaka.org/blog/leveraging-regret-maximizing-survey-participation-at-the-duke-university-libraries/>.

3. Veja, por exemplo, Emily Haisley, Kevin G. Volpp, Thomas Pellathy e George Loewenstein, "The Impact of Alternative Incentive Schemes on Completion of Health Risk Assessments". *American Journal of Health Promotion*, v. 26, n. 3, 2012, pp. 184-8; Marcel Zeelenberg e Rik Pieters, "Consequences of Regret Aversion in Real Life: The Case of the Dutch Postcode Lottery". *Organizational Behavior and Human Decision Processes*, v. 93, n. 2, 2004, pp. 155-68. Mas não sempre eficazes. Veja, por exemplo, Linnea Gandhi, Katherine L. Milkman, Sean Ellis, Heather Graci, Dena Gromet, Rayyan Mobarak, Alison Buttenheim et al. "An Experiment Evaluating the Impact of Large-Scale, High-Payoff Vaccine Regret Lotteries". *High-Payoff Vaccine Regret Lotteries*,

13 ago. 2021. (Uma loteria de arrependimento na Filadélfia não teve um impacto considerável no aumento da vacinação contra covid.)

4. Amos Tversky e Daniel Kahneman, "Advances in Prospect Theory: Cumulative Representation of Uncertainty". *Journal of Risk and Uncertainty*, v. 5, n. 4, 1992, pp. 297-323.

5. Russell D. Ravert, Linda Y. Fu e Gregory D. Zimet, "Young Adults' Covid-19 Testing Intentions: The Role of Health Beliefs and Anticipated Regret". *Journal of Adolescent Health*, v. 68, n. 3, 2021, pp. 460-3.

6. Katharina Wolff, "Covid-19 Vaccination Intentions: The Theory of Planned Behavior, Optimistic Bias, and Anticipated Regret". *Frontiers in Psychology*, v. 12, 2021.

7. Noel T. Brewer, Jessica T. DeFrank e Melissa B. Gilkey. "Anticipated Regret and Health Behavior: A Meta-Analysis". *Health Psychology*, v. 35, n. 11, 2016, p. 1264.

8. Charles Abraham e Paschal Sheeran, "Deciding to Exercise: The Role of Anticipated Regret". *British Journal of Health Psychology*, v. 9, n. 2, 2004, pp. 269-78.

9. Andrew Steptoe, Linda Perkins-Porras, Elisabeth Rink, Sean Hilton e Francesco P. Cappuccio, "Psychological and Social Predictors of Changes in Fruit and Vegetable Consumption over 12 Months Following Behavioral and Nutrition Education Counseling". *Health Psychology*, v. 23, n. 6, 2004, p. 574.

10. Marcela A. Penţa, Irina Catrinel Crăciun e Adriana Băban, "The Power of Anticipated Regret: Predictors of HPV Vaccination and Seasonal Influenza Vaccination Acceptability among Young Romanians". *Vaccine*, v. 38, n. 6, 2020, pp. 1572-8.

11. Gretchen B. Chapman e Elliot J. Coups, "Emotions and Preventive Health Behavior: Worry, Regret, and Influenza Vaccination". *Health Psychology*, v. 25, n. 1, 2006, p. 82.

12. Rene Richard, Nanne K. de Vries e Joop van der Pligt, "Anticipated Regret and Precautionary Sexual Behavior". *Journal of Applied Social Psychology*, v. 28, n. 15, 1998, pp. 1411-28.

13. Jisoo Ahn e Lee Ann Kahlor, "No Regrets When It Comes to Your Health: Anticipated Regret, Subjective Norms, Information Insufficiency, and Intent to Seek Health Information from Multiple Sources". *Health Communication*, v. 35, n. 10, 2020, pp. 1295-302.

14. Jascha de Nooijer, Lilian Lechner, Math Candel e Hein de Vries, "Short-and Long-Term Effects of Tailored Information Versus General Information on Determinants and Intentions Related to Early Detection of Cancer". *Preventive Medicine*, v. 38, n. 6, 2004, pp. 694-703.

15. Mark A. Elliott e James A. Thomson, "The Social Cognitive Determinants of Offending Drivers' Speeding Behaviour". *Accident Analysis and Prevention*, v. 42, n. 6, 2010, pp. 1595-605.

16. Tracy Sandberg e Mark Conner, "A Mere Measurement Effect for Anticipated Regret: Impacts on Cervical Screening Attendance". *British Journal of Social Psychology*, v. 48, n. 2, 2009, pp. 221-36.

17. Mark Conner, Tracy Sandberg, Brian McMillan e Andrea Higgins, "Role of Anticipated Regret, Intentions, and Intention Stability in Adolescent Smoking Initiation". *British Journal of Health Psychology*, v. 11, n. 1, 2006, pp. 85-101.

18. Valentina Carfora, Daniela Caso e Mark Conner, "Randomised Controlled Trial of a Text Messaging Intervention for Reducing Processed Meat Consumption: The Mediating Roles of Anticipated Regret and Intention". *Appetite*, v. 117, 2017, pp. 152-60.

19. Florian G. Kaiser, "A Moral Extension of the Theory of Planned Behavior: Norms and Anticipated Feelings of Regret in Conservationism". *Personality and Individual Differences*, v. 41, n. 1, 2006, pp. 71-81.

20. Liz Mayes, "At this Workshop, Writing Your Own Obit Means Analyzing Your Past or Future". *Washington Post*, 10 dez. 2019.

21. Gary Klein, "Performing a Project Premortem". *Harvard Business Review*, v. 85, n. 9, 2007, pp. 18-9. (Leitores atentos irão notar que escrevi sobre isso em Daniel H. Pink, *When: The Scientific Secrets of Perfect Timing*. Nova York: Riverhead, 2019, pp. 107-8.)

22. Jessica Stillman, "How Amazon's Jeff Bezos Made One of the Toughest Decisions of His Career". *Inc.*, 13 jun. 2016.

23. Timothy D. Wilson e Daniel T. Gilbert, "Affective Forecasting: Knowing What to Want". *Current Directions in Psychological Science*, v. 14, n. 3, 2005, pp. 131-4; Daniel T. Gilbert, Matthew D. Lieberman, Carey K. Morewedge e Timothy D. Wilson, "The Peculiar Longevity of Things Not so Bad". *Psychological Science*, v. 15, n. 1, 2004, pp. 14-9. Ver também Matthew T. Crawford, Allen R. McConnell, Amy C. Lewis e Steven J. Sherman. "Reactance, Compliance, and Anticipated Regret". *Journal of Experimental Social Psychology*, v. 38, n. 1, 2002, pp. 56-63.

24. Daniel T. Gilbert, Carey K. Morewedge, Jane L. Risen e Timothy D. Wilson, "Looking Forward to Looking Backward: The Misprediction of Regret". *Psychological Science*, v. 15, n. 5, 2004, pp. 346-50. Ver também Nick Sevdalis e Nigel Harvey, "Biased Forecasting of Postdecisional Affect". *Psychological Science*, v. 18, n. 8, 2007, pp. 678-81.

25. Itamar Simonson, "The Influence of Anticipating Regret and Responsibility on Purchase Decisions". *Journal of Consumer Research*, v. 19, n. 1, 1992, pp. 105-18.

26. Maya Bar-Hillel e Efrat Neter, "Why Are People Reluctant to Exchange Lottery Tickets?". *Journal of Personality and Social Psychology*, v. 70, n. 1, 1996, p. 17; Jane L. Risen e Thomas Gilovich, "Another Look at Why People Are Reluctant to Exchange Lottery Tickets". *Journal of Personality and Social Psychology*, v. 93, n. 1, 2007, p. 12. (Pessoas também acreditam que trocar seu bilhete de loteria aumenta a chance de que ele seja premiado.)

27. Niels van de Ven e Marcel Zeelenberg, "Regret Aversion and the Reluctance to Exchange Lottery Tickets". *Journal of Economic Psychology*, v. 32, n. 1, 2011, pp. 194-200.

28. Jane Beattie, Jonathan Baron, John C. Hershey e Mark D. Spranca, "Psychological Determinants of Decision Attitude". *Journal of Behavioral Decision Making*, v. 7, n. 2, 1994, pp. 129-44; Sean Wake, Jolie Wormwood e Ajay B. Satpute, "The Influence of Fear on Risk Taking: A Meta--Analysis". *Cognition and Emotion*, v. 34, n. 6, 2020, pp. 1143-59; Allen R. McConnell, Keith E. Niedermeier, Jill M. Leibold, Amani G. El-Alayli, Peggy P. Chin e Nicole M. Kuiper, "What If I Find It Cheaper Someplace Else? Role of Prefactual Thinking and Anticipated Regret in Consumer Behavior". *Psychology and Marketing*, v. 17, n. 4, 2000, pp. 281-98. (Garantir o preço pode superar a inércia de consumidores que não compram porque acham que os preços vão cair.)

29. Richard P. Larrick e Terry L. Boles, "Avoiding Regret in Decisions with Feedback: A Negotiation Example". *Organizational Behavior and Human Decision Processes*, v. 63, n. 1, 1995, pp. 87-97.

30. Justin W. Merry, Mary Kate Elenchin e Renee N. Surma, "Should Students Change Their Answers on Multiple Choice Questions?". *Advances in Physiology Education*, v. 45, n. 1, 2021, pp. 182-90; "Fourteen Avoidable Mistakes You Make on Test Day". *Princeton Review*. Disponível em: <https://www.princetonreview.com/college-advice/test-day-mistakes>.

31. Justin W. Merry, Mary Kate Elenchin e Renee N. Surma, "Should Students Change Their Answers on Multiple Choice Questions?". *Advances in Physiology Education*, v. 45, n. 1, 2021, pp. 182-90; Daniel Bauer, Veronika Kopp e Martin R. Fischer. "Answer Changing in Multiple

Choice Assessment: Change that Answer When in Doubt — and Spread the Word!". *BMC Medical Education*, v. 7, n. 1, 2007, pp. 1-5; Justin J. Couchman, Noelle E. Miller, Shaun J. Zmuda, Kathryn Feather e Tina Schwartzmeyer, "The Instinct Fallacy: The Metacognition of Answering and Revising During College Exams". *Metacognition and Learning*, v. 11, n. 2, 2016, pp. 171-85. (O que importa é menos se o estudante tem ou não um primeiro instinto, mas o quão confiante está quanto a suas respostas.)

32. Justin Kruger, Derrick Wirtz e Dale T. Miller, "Counterfactual Thinking and the First Instinct Fallacy". *Journal of Personality and Social Psychology*, v. 88, n. 5, 2005, p. 725.

33. Herbert A. Simon, "Rational Choice and the Structure of the Environment". *Psychological Review*, v. 63, n. 2, 1956, p. 129; Herbert A. Simon, "Rational Decision Making in Business Organizations". *American Economic Review*, v. 69, n. 4, 1979, pp. 493-513.

34. Barry Schwartz, Andrew Ward, John Monterosso, Sonja Lyubomirsky, Katherine White e Darrin R. Lehman, "Maximizing Versus Satisficing: Happiness Is a Matter of Choice". *Journal of Personality and Social Psychology*, v. 83, n. 5, 2002, p. 1178.

35. Ibid. ("Quanto mais opções existirem, é mais provável que uma esteja abaixo do ideal, o que pode minar qualquer prazer que se possa obter da escolha de fato.")

ARREPENDIMENTO E REDENÇÃO [pp. 179-82]

1. Dan P. McAdams e P. J. Bowman, "Narrating Life's Turning Points: Redemption and Contamination: Narrative Studies of Lives in Transition". In: *Turns in the Road: Narrative Studies of Lives in Transition*. Washington, DC: American Psychological Association Press, 2001; Dan P. McAdams, Jeffrey Reynolds, Martha Lewis, Allison H. Patten e Phillip J. Bowman, "When Bad Things Turn Good and Good Things Turn Bad: Sequences of Redemption and Contamination in Life Narrative and Their Relation to Psychosocial Adaptation in Midlife Adults and in Students". *Personality and Social Psychology Bulletin*, v. 27, n. 4, 2001, pp. 474-85; Dan P. McAdams, "The Psychology of Life Stories". *Review of General Psychology*, v. 5, n. 2, 2001, pp. 100-22; Dan P. McAdams, *The Redemptive Self: Stories Americans Live by*. ed. rev. e ampl. Nova York: Oxford University Press, 2013.

Índice remissivo

141-2, 177; enquadrando o arrependimento, 53; "mentalidade de jornada", 162; participação na World Regret Survey, 161; "pelo menos", 143-4, 177; subtraindo mentalmente eventos positivos, 161

arrependimentos de ação: arrependimentos de inação *vs.*, 93, 140; como arrependimentos morais, 106-7; desfazer, 141-2, 177; origem de, 141; "pelo menos", 143-4, 177

arrependimentos de Ano-Velho, para formar resoluções, 160

arrependimentos de autenticidade, 97

arrependimentos de base, 21; corrigindo, 87; desconto temporal e, 80-1; descrição de, 74; dificuldade em desfazer, 83; efeitos compostos de, 82-3; identificação na linguagem, 81-2; lição extraída de, 87; necessidade revelada por, 87, 130; origem de, 79, 90; perdas de oportunidade e, 131; em população mais velha, 84-5; relacionados a mágoa/dano, 142

arrependimentos de carreira, 61-2, 64, 67, 76, 95, 132, 134, 157, 163

arrependimentos de conexão, 21; sobre amizades perdidas, 115-8, 120-1, 123, 126, 146, 153, 155-6, 181; descrição de, 74; lição extraída de, 127; necessidade revelada por, 126, 130; obstáculos para transpor, 121-3; perdas de oportunidade e, 131; porta aberta, 118, 126; porta fechada, 118-20, 126; prevalência de, 116; relacionado a mágoa/dano, 142; sobre relacionamentos, 117, 120-1, 125

arrependimentos conjugais, 22, 88, 138, 143

arrependimentos de deslealdade, 109-10

arrependimentos "deveria", 130-1

arrependimentos de educação, 24, 60-1, 63, 65-6, 69-70, 84, 133-4, 143, 163

arrependimentos de empreendedorismo, 95

arrependimentos de estrutura profunda: arrependimentos de base, 21, 74, 77-87, 176; arrependimentos de conexão, 21, 74, 115-27, 176; arrependimentos morais, 21, 74, 100-13, 176; arrependimentos de ousadia, 21, 74, 89-98, 176; lições extraídas de, 87, 98, 113,

127; necessidade revelada por, 87, 98, 113, 127, 129

arrependimentos de família, 49, 64, 66, 134

arrependimentos de identidade, 41, 97, 99

arrependimentos de inação, 114; antecipação de, 167; dificuldade para desfazer, 141, 146; superação de, 148, 153, 159-60, 177; *vs.* arrependimentos de ação, 93, 131-3, 140

arrependimentos de infidelidade, 41, 70, 100, 108

arrependimentos de ousadia, 21; sobre crescimento frustrado, 95-7; descrição de, 74; sobre identidade, 97; de inação, 93-5; introversão, 91-2; lição extraída de, 98; necessidade revelada por, 98, 129; origem de, 90; perdas de oportunidade e, 131; romance perdido, 89-90, 92-5, 98

arrependimentos de ousadia antecipado, 169

arrependimentos de parceiro, 67, 70-1

arrependimentos "poderia", 130-1

arrependimentos de "porta aberta", em relacionamentos, 118, 126-7

arrependimentos de "porta fechada", em relacionamentos, 118-20, 126-7

arrependimentos de profanação, 111-3

arrependimentos de progenitores, 44, 62

arrependimentos de relacionamento, 62, 66; *ver também* amizades perdidas; arrependimentos conjugais; arrependimentos românticos

arrependimentos de saúde, 58, 66, 80, 84-5, 134, 145

arrependimentos de viagem, 96-7

arrependimentos financeiros, 66, 77-9, 83, 132, 134

arrependimentos fundamentais *ver* arrependimentos de estrutura profunda

arrependimentos morais, 21; descrição de, 74; desfazendo, 142; deslealdade, 109-10; desonestidade acadêmica, 108; infidelidade conjugal, 70, 100, 108-9; lição extraída de, 113; necessidade revelada por, 113, 129; origem de, 101; perdas de oportunidade e,

ESTA OBRA FOI COMPOSTA PELA ABREU'S SYSTEM EM INES LIGHT
E IMPRESSA EM OFSETE PELA LIS GRÁFICA SOBRE PAPEL PÓLEN NATURAL
DA SUZANO S.A. PARA A EDITORA SCHWARCZ EM JULHO DE 2022